Je révise Excel

Un test en 100 questions
(avec réponses détaillées)

Niveaux débutants & Intermédiaires

Liens de téléchargement en page 96

L'entreprise Azuratec n'a aucun lien avec l'entreprise Microsoft et ses produits. Elle n'effectue pas non plus de promotion ou de publicité pour les produits cités. L'ouvrage n'a été conçu que pour un usage pédagogique.

© 2024 - Publié par AZURATEC (58 avenue de vallauris – 06400 Cannes -France) . Tous droits réservés.

Dépôt légal : mai 2024

ISBN : 9798325457142

Les publications AZURATEC, c'est aussi une chaine youtube pour apprendre par la pratique

Plus de 400 vidéos à votre disposition

https://www.youtube.com/@azuratec/videos

Pour suivre mes parutions sur amazon.fr :

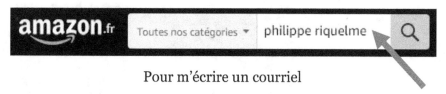

Pour m'écrire un courriel

tutodinfo@azuratec.com

Si vous avez besoin de revoir les bases du logiciel Excel

Si vous souhaitez progresser à un niveau avancé du logiciel Excel

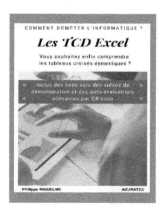  

Si vous souhaitez vous entraîner avec des exercices corrigés

DÉTAIL DE LA MÉTHODE

Ce livre vous offre une opportunité unique d'améliorer vos compétences en Excel de manière interactive et divertissante. Que vous soyez un débutant cherchant à acquérir une solide compréhension des fondamentaux ou un utilisateur expérimenté souhaitant tester ses connaissances.

Ce livre de révision des fonctionnalités essentielles pour Excel est proposé en complément d'une formation.

Vous allez donc pouvoir l'utiliser dans 3 cas de figure :

- A un moment très proche de la formation suivie (pendant ou juste après) pour appliquer immédiatement les savoirs acquis car la pratique renforce l'apprentissage.
- Vous n'avez pas appliqué immédiatement les savoirs acquis lors d'une formation qui est un peu éloignée, il est donc nécessaire de réviser en pratiquant.
- Vous avez appris seul (autoformation) le logiciel en lisant un ouvrage et/ou en regardant des tutoriels vidéo (sur Youtube par exemple). Comment savoir ce que vous avez acquis ?

Présentation du Contenu :

Dans cet ouvrage, vous trouverez une collection de 100 questions soigneusement sélectionnées couvrant tous les aspects essentiels d'Excel. Chaque question est conçue pour évaluer votre compréhension des fonctions de base, des formules, de la mise en forme des données, de la création de graphiques et bien plus encore. Chaque question est accompagnée d'une explication détaillée, vous permettant de comprendre non seulement la réponse correcte, mais aussi le raisonnement derrière celle-ci.

Format Vidéo :

Ce qui distingue "Je révise Excel" des autres livres sur le sujet, c'est son format vidéo. Celles-ci sont consultables à partir d'un QR-Code sur votre smartphone. Une playlist de ces vidéos est également proposée pour pouvoir y accéder à partir d'un ordinateur.

Les avantages :

Apprentissage Actif : Au lieu de simplement lire des explications théoriques, vous êtes activement impliqué dans le processus d'apprentissage en répondant aux questions.

Flexibilité : Vous pouvez étudier à votre propre rythme, en choisissant les questions qui correspondent le mieux à vos besoins et en revenant sur celles qui nécessitent plus de pratique.

Divertissement : Apprendre ne devrait pas être ennuyeux ! Avec "Je révise Excel", vous pouvez défier vos amis ou collègues à des concours amicaux pour rendre l'apprentissage encore plus amusant.

LES OUTILS :

- Les 100 questions sont décomposées en 10 séries de 10 questions, avec un niveau de connaissance noté entre 1 et 5 pour chacune des séries.
- Chaque série propose une vidéo (hébergée sur la chaîne Youtube d'Azuratec) accessible par un QR-code unitaire pour une lecture sur Smartphone ou Tablette, ainsi qu'un lien vers une playlist pour une lecture globale sur un ordinateur.
- Chaque question propose **3 ou 4 réponses** possibles avec une seule réponse juste.
- Le temps de réponse est de **20 secondes par question**.
- Il est possible d'appuyer sur le bouton « **pause** » pour rallonger le temps de réflexion (surtout sur les questions plus complexes qui demandent de l'analyse sur les séries à 4 ou 5 étoiles).
- La bonne réponse est affichée après les 20 secondes de réflexion.
- Un dossier est téléchargeable à la fin de ce livre. Il comporte une feuille de marque et un classeur au format Excel avec certains des exemples présentés dans les vidéos.

> ## Le lien de la playlist contenant les 10 vidéos
> ## et le lien des ressources
> ## sont disponibles à la fin de cet ouvrage.

La préparation d'un tel ouvrage demande beaucoup de temps et d'énergie et je serai heureux de savoir qu'il vous a aidé. Vos commentaires m'aiguilleront dans la conception de mes futurs guides sur Excel.

Pour m'écrire un courriel :

tutodinfo@azuratec.com

* Vérifier svp que ma réponse ne soit pas placée dans les « courriers indésirables ».

Pour suivre mes publications :

https://url-r.fr/LgWeR

Merci
Philippe RIQUELME

CORRECTIONS APPORTÉES

Je tiens toujours à être correct avec mes élèves et mes lecteurs, aussi je me dois de vous indiquer les corrections apportées à ce livre et aux vidéos.

J'ai réalisé et publié sur la chaîne **@azuratec**, les 10 vidéos du 5 au 12 avril 2024.

J'ai rédigé le livre du 14 au 30 avril 2024 avec une publication à partir du 12 mai 2024. Lors de la rédaction, j'ai repéré quelques petites erreurs de syntaxe que j'ai <u>corrigé pour être à jour dans ce livre</u>. Mais les vidéos étaient déjà publiées.

Le 24 juin 2024, j'ai corrigé les erreurs sur les 10 vidéos et j'ai changé la bande musicale afin d'être totalement conforme avec les droits d'auteur. Les liens d'accès aux vidéos ont également été mis à jour.

Les questions en vidéos

Le lien de la playlist contenant les 10 vidéos de questions en vidéos :

https://url-r.fr/auLVj

Les vidéos sont hébergées sur la chaîne @azuratec.
A regarder de préférence sur un ordinateur en plein écran ou un téléviseur pour un meilleur confort.

La chaîne @azuratec propose plusieurs centaines de vidéos sur l'informatique, le web et les logiciels bureautique (en particulier Excel, Word et Powerpoint).

Nos livres accompagnés des vidéos renforce l'apprentissage en autonomie.

LES RACCOURCIS CLAVIER

Les raccourcis clavier représentent un moyen simple et efficace d'accélérer la vitesse de travail dans les classeurs Excel. Mais ils sont généralement peu connus et trop nombreux.

Voici une sélection des raccourcis clavier Excel les plus utiles.

• *Avec la touche CTRL*

CTRL + %	Applique le format % à la valeur de la cellule
CTRL + M	Applique le format monétaire à la valeur de la cellule
CTRL + G	Applique la mise en forme GRAS à la sélection
CTRL + I	Applique la mise en forme ITALIQUE à la sélection
CTRL + U	Applique la mise en forme SOULIGNE à la sélection
CTRL + 5	Appliquer ou annuler la mise en forme barré
CTRL + 1	Ouvre la boîte de dialogue « format de cellule »
CTRL + +	Ouvre la boîte de dialogue « insertion de cellule »
CTRL + C	Copie la sélection
CTRL + X	Coupe la sélection
CTRL + V	Colle la sélection
CTRL + ALT + V	Ouvre la boîte de dialogue « collage spécial »
CTRL + A	Sélectionne toutes les cellules de la feuille active
CTRL + espace	Sélectionne la colonne en cours
CTRL + pg suiv	Atteindre la feuille suivante d'un classeur
CTRL + pg préc	Atteindre la feuille précédente d'un classeur
CTRL + F1	Masque ou affiche le ruban
CTRL + F3	Ouvre la boîte de dialogue « gestionnaire de noms »
CTRL + F4	Ouvre la boîte de dialogue « enregistrer sous »
CTRL + F10	Bascule la dimension de la fenêtre
CTRL + N	Ouvre automatiquement un nouveau classeur
CTRL + O	Affiche l'écran OUVRIR pour ouvrir un nouveau document
CTRL + W	Ferme le classeur en cours sans quitter Excel
CTRL + S	Enregistre un document
CTRL + Z	Annule la commande précédente
CTRL + :	Insère l'heure actuelle dans la cellule active
CTRL + ;	Insère la date actuelle dans la cellule active
CTRL + K	Ouvre la boîte de dialogue « insérer un lien hypertexte »
CTRL + T	Ouvrir la boîte de dialogue « atteindre »
CTRL + L	Afficher la boîte de dialogue Créer un tableau
CTRL + *	Sélectionne l'intégralité du tableau dont fait partie la cellule active

CTRL + ↓	Sélectionne la dernière cellule vers le bas du tableau dont fait partie la cellule active
CTRL + ↑	Sélectionne la dernière cellule vers le haut du tableau dont fait partie la cellule active
CTRL + →	Sélectionne la dernière cellule vers la droite du tableau dont fait partie la cellule active
CTRL + □	Sélectionne la dernière cellule vers la gauche du tableau dont fait partie la cellule active

• *Avec la touche MAJ*

MAJ + F2	Associe un commentaire à la cellule active
MAJ + F3	Ouvre la boîte de dialogue « insérer une fonction »
MAJ + F4	Positionne la cellule active sur la prochaine cellule vide du tableau en cours
MAJ + F5	Ouvre la boîte d dialogue « rechercher et remplacer »
MAJ + F6	Fait apparaître les caractères raccourcis des menus
MAJ + F7	Ouvre le dictionnaire des synonymes
MAJ + F10	Ouvre le menu contextuel
MAJ + F11	Ajoute une nouvelle feuille de calcul dans le classeur en cours
MAJ + F12	Enregistre un document

• *Avec la touche ALT*

ALT	Fait apparaître les caractères raccourcis des menus
ALT + =	Insert la formule =SOMME automatique
ALT + F4	Ferme le document en cours
ALT + TAB	Bascule entre les applications ouvertes
ALT + L	Se positionne sur l'onglet **Accueil** en affichant son ruban

• *Autres touches*

SUPPR	Supprimer le contenu d'une ou plusieurs cellules
F4	Bascule en référence absolue, relative ou mixte
F5	Ouvre la boîte de dialogue « Atteindre »
F7	Vérifier l'orthographe dans la feuille active
MAJ + espace	Sélectionner une ligne entière de la feuille de calcul active

SÉRIE 1 – NIVEAU 1

Lien : **https://url-r.fr/KMxBX**

Question_01

Quelle est l'extension d'un document Excel ?

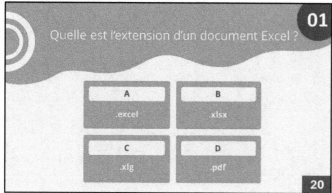

> **Réponse B**

Les extensions de fichiers donnent une indication sur le format du fichier, et précisent le programme avec lequel nous pouvons ouvrir le fichier. L'extension XLSX est le format standard de Microsoft Excel depuis 2007.

Les propositions .excel et .xlg n'existent pas et la proposition .pdf correspond au format des fichiers PDF qui est bien utile pour transmettre son document finalisé sans que le destinataire puisse le modifier.

Question_02

Par quel signe doit-on toujours commencer une formule de calcul ?

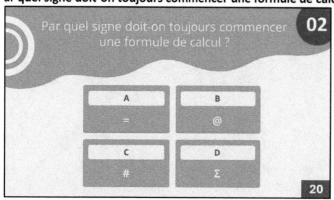

> **Réponse A**

Chaque formule ou fonction utilisée doit commencer par le signe égal pour indiquer à Excel qu'une formule est utilisée.

Le signe @ est utilisé dans les adresses de courriel et le signe # est utilisé comme préfixe des messages d'erreur.

Tandis que le signe Σ est le symbole de la fonction somme().

Quel est le raccourci clavier pour annuler l'action précédente ?

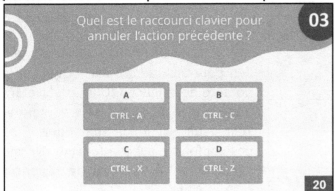

> **Réponse D**

Il est possible d'utiliser la flèche de retour située dans la barre d'accès rapide pour annuler la précédente manipulation mais le raccourci CTRL-Z est aussi très pratique (il s'utilise facilement avec la main gauche sur le clavier) pour réaliser la même action.

Quel est le raccourci clavier pour convertir une table de données en un tableau ?

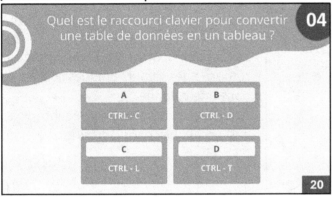

> **Réponse C**

Un tableau est associé à une référence nommée d'une plage de données. Il offre de nombreux avantages dont les filtres posées automatiquement sur les colonnes du tableau, la recopie automatique des formules lors de son extension, etc...

Quel est le raccourci clavier pour couper le contenu d'une cellule ?

> **Réponse D**

Les 3 raccourcis-clavier a absolument connaître sont CTRL-C (Copier), CTRL-V (Coller) et CTRL-X (Couper). Ce dernier permet ainsi de déplacer aisément une cellule ou un bloc de cellules.

Quelle fonction permet de déterminer le nombre de cellules qui ne sont pas vides ?

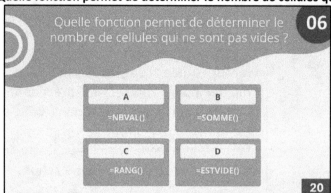

> **Réponse A**

NBVAL signifie « number of values » que l'on pourrait traduire par « Quel est le nombre de valeurs ». Une valeur étant une donnée non vide soit au format Texte, soit au format Numérique. A ne pas confondre avec la fonction NB qui elle compte le nombre de réponses mêmes vides.

Quelle fonction renvoie la liste des valeurs uniques d'une plage de cellules ?

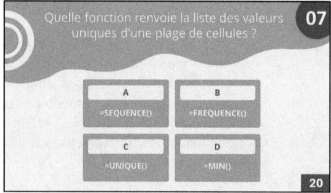

> **Réponse C**

La fonction UNIQUE() d'Excel permet de retourner les valeurs uniques contenues dans une colonne.
Attention cette fonction récente n'est pas accessible dans certaines versions d'Excel.

- Ouvrir le classeur Excel « révise_excel » accompagnant ce livre.
- Activer la feuille « **Exemple_1** ».
- La colonne A contient une liste de villes dont certaines sont citées en double.
- Si on souhaite travailler avec une liste où chaque ville ne sera citée qu'une seule fois, il est intéressant d'utiliser cette fonction UNIQUE().
- Se positionner en cellule C2.
- Saisir la formule :

Après validation de la formule, on obtient une liste dans la colonne C.

Quelle fonction vérifie si la valeur entrée est une erreur ?

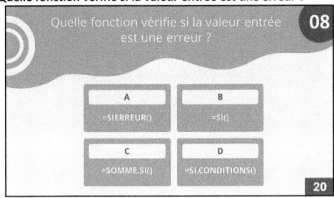

> **Réponse A**

La fonction Excel SIERREUR() vérifie si la valeur entrée est une erreur, elle retourne ensuite cette même valeur s'il n'y a aucune erreur ou une autre valeur définie en cas d'erreur.
Utilisation :
=SIERREUR(valeur, valeur_si_erreur)

- Ouvrir le classeur Excel « révise_excel » accompagnant ce livre.
- Activer la feuille « **Exemple_2** ».
- Se positionner en cellule **D2**.
- Saisir la formule :

- Valider cette formule et la recopier vers les cellules inférieures jusqu'en cellule **D6**.

	A	B	C	D
1	Produit	Quantité par kilo	Nombre de clients	Répartition
2	Pommes	400	25	16
3	Poires	290	10	29
4	Abricots	180		#DIV/0!
5	Cerises	150	5	30
6	Bananes	420	6	70

On peut constater que la cellule **D4** renvoie un message d'erreur car la division par une cellule vide n'est pas possible.
D'où l'utilisation de la fonction SIERREUR() pour anticiper et éviter ce type de message.

- Se positionner en cellule **D2**.
- Modifier la formule pour obtenir celle-ci :

- Valider cette formule et la recopier vers les cellules inférieures jusqu'en cellule **D6**.

	A	B	C	D
1	Produit	Quantité par kilo	Nombre de clients	Répartition
2	Pommes	400	25	16
3	Poires	290	10	29
4	Abricots	180		
5	Cerises	150	5	30
6	Bananes	420	6	70

On peut constater que la cellule **D4** renvoie une cellule vide car il y a une erreur dans le calcul donc c'est le second argument de la fonction qui a été utilisé. Il s'agit de "" qui signifie « ne rien afficher ».

Que signifie ce signe : %

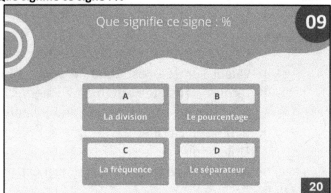

> **Réponse B**

Le signe **%** représente le format pourcentage.

Si on souhaite saisir par exemple la valeur 25% dans une cellule, il faut absolument saisir le caractère % au clavier et non utiliser le bouton du ruban % qui transformera le 25 en 2500%.

Par contre si après une division, on obtient une valeur du style 0,45546 on peut utiliser le bouton % du ruban pour transformer le réponse en 45,57%.

Que signifie ce signe : $

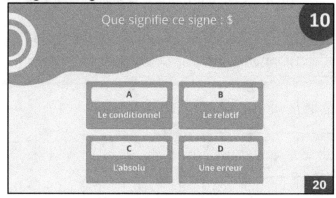

> **Réponse C**

Le signe **$** est utilisé pour signifier qu'une référence de cellule est en absolue. On peut avoir ainsi l'écriture A1 ou $A1 ou A$1.

Durant la saisie d'une formule, il est possible d'utiliser la touche du clavier F4 (ou la combinaison Fn et F4 sur les ordinateurs portables) pour transformer les écritures des références de cellules.

SÉRIE 2 – NIVEAU 2

Lien : **https://url-r.fr/shqgc**

Question_01

Quel outil permet d'insérer une liste déroulante dans une cellule ?

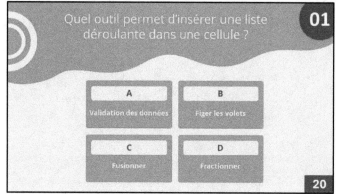

> **Réponse A**

La validation de données permet de s'assurer de la validité des données entrées et d'afficher éventuellement un message d'erreur et de refuser l'entrée si ces données ne sont pas valides. Cette commande permet également de déterminer le type de contenu des cellules comme une liste déroulante.

- Ouvrir le classeur Excel « révise_excel » accompagnant ce livre.
- Activer la feuille « **Exemple_2** ».
- Se positionner en cellule **F2**.
- Activer l'onglet **DONNEES**.
- Sélectionner la commande « Validation des données » dans le groupe **Outils de données**.

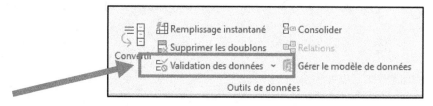

- Sélectionner à nouveau la commande « Validation des données » dans le menu déroulant.

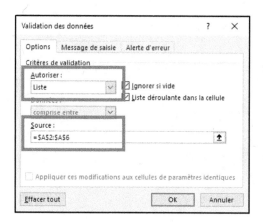

Dans la boîte de dialogue, il faut sélectionner l'option « **Liste** » dans la case « **Autoriser** ».

Puis désigner la **source** :

$$=\$A\$2:\$A\$6$$

Avant de valider.
La cellule **F2** comporte maintenant une liste de fruits.

10

Quelle est l'utilité de la commande Fx ?

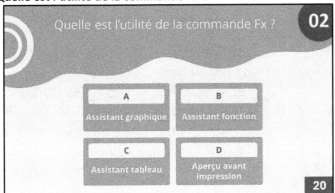

> **Réponse B**

La commande **Fx** est un bouton de commande situé dans la barre de formule qui ouvre une boîte de dialogue proposant un assistant pour choisir et composer une fonction avec ses arguments.

Après avoir cliqué sur le bouton **Fx**, la boîte de dialogue propose de rechercher ❶ une fonction selon des mots clefs ou de choisir une des 10 dernières fonctions ❷ déjà utilisées :

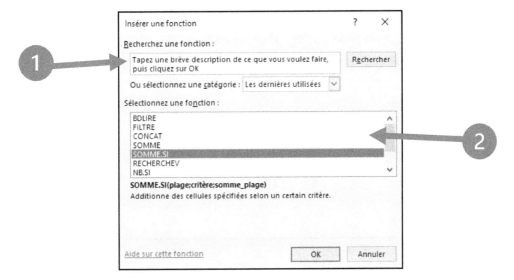

Après avoir sélectionné une fonction, la seconde étape détaille les arguments à saisir :

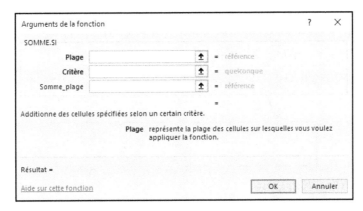

11

Comment extraire les 3 premiers caractères de la cellule A1 ?

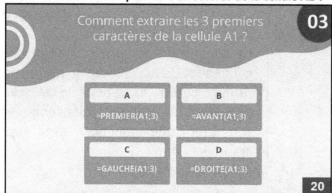

➤ **Réponse C**

Les fonctions PREMIER() et AVANT() n'existent pas.

Par contre les fonctions GAUCHE() et DROITE() permettent d'extraire le contenu d'une cellule selon un nombre de caractères indiqués.

- Ouvrir le classeur Excel « révise_excel » accompagnant ce livre.
- Activer la feuille « **Exemple_2** ».
- Se positionner en cellule **H5**.
- Saisir la formule :

Après validation, la cellule **H5** affiche les 3 caractères (pro) les plus à gauche du mot **Produit** contenu dans la cellule **A1**. A titre d'exemple, il est également possible d'effectuer la même chose avec la fonction DROITE() en cellule **H7** pour obtenir le résultat (uit).

Quel signe peut être utilisé pour joindre 2 chaînes de caractères dans une cellule ?

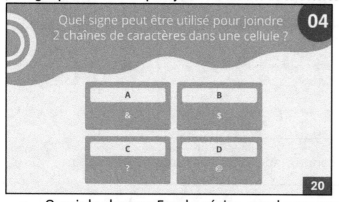

➤ **Réponse A**

Le signe & est le signe de la concaténation. Cela signifie qu'il permet de joindre deux chaînes de caractères.

- Ouvrir le classeur Excel « révise_excel » accompagnant ce livre.
- Activer la feuille « **Exemple_2** ».
- Se positionner en cellule **C10**.
- Saisir la formule :

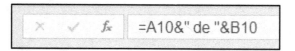

- Valider et recopier la formule.

Quelle touche du clavier permet de changer le type de référencement ?

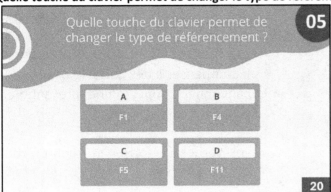

> **Réponse B**

La touche F4 du clavier (ou Fn F4 sur les ordinateurs portables) permet de basculer l'écriture relative en absolue durant la saisie d'une formule, donc de changer le type de référencement des cellules.

A1 devenant A1

Quelle touche du clavier permet d'atteindre un emplacement dans la feuille de calcul ?

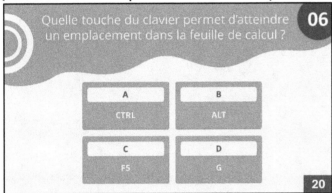

> **Réponse C**

La touche F5 ouvre une boîte de dialogue qui permet d'aller positionner la cellule active sur un emplacement précis.

- Ouvrir le classeur Excel « révise_excel » accompagnant ce livre.
- Activer la feuille « **Exemple_2** ».
- Se positionner en cellule F10.
- Activer la touche F5 du clavier, la boîte de dialogue suivante s'ouvre :

La feuille de calcul contient une référence nommée (tableau_produits) que j'avais associée à la plage de cellules A1 :D6.

En cliquant sur ce nom puis en validant sur « Ok », la plage de cellules désignée sera sélectionnée.

Comment se nomme cette catégorie de graphique ?

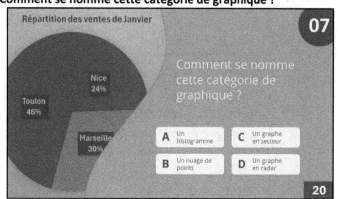

> **Réponse C**

Dès l'instant où on parle de répartition, il faut penser à des parts de pizza ou de camembert donc à une présentation sous forme de <u>secteurs</u>.

Les verbes sectoriser et répartir sont des synonymes.

On parle également de diagramme circulaire quand on fait appel à des représentations par parts sous forme de cercle.

Les graphes en secteurs permettent ainsi de représenter une série de données avec le calcul automatique des pourcentages pour chacune des parts.

Comment puis-je annuler la dernière modification effectuée sur ma feuille ?

> **Réponse A**

Le raccourci pour annuler la dernière commande est CTRL-Z, mais il existe aussi un pictogramme sur la barre d'accès rapide qui est situé en haut de l'application dans le bandeau vert.

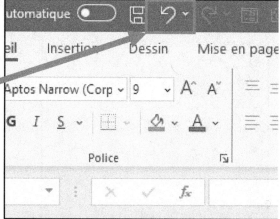

Où dois-je cliquer pour ne sélectionner que la ligne des étiquettes de colonnes ?

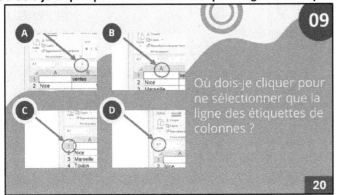

> **Réponse C**

Les étiquettes de colonnes sont les noms attribués aux différentes colonnes d'un tableau. Ces étiquettes étant rangées les unes à côté des autres sur une ligne de la feuille (Souvent la première ligne).

En cliquant sur le numéro de la ligne cela sélectionne la ligne des étiquettes.

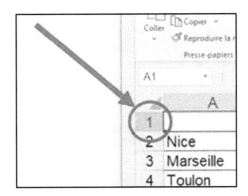

La sélection d'une ou plusieurs lignes se fait toujours sur l'ensemble des numérotations de lignes situées à gauche de la feuille de calcul. Tandis que la sélection d'une ou plusieurs colonnes se fait à partir des noms de colonnes (A, B, C, D, etc….).

Dans cet exemple de question, il faut bien lire l'énoncé car nous avons souvent une lecture trop rapide et on ne retient que peu d'informations à traiter par notre cerveau.

En lisant trop rapidement on ne retient que la fin de la question « étiquettes de **colonnes** » ce qui amène à la réponse B.

Mais dans la question on précise « la **ligne** des étiquettes donc c'est la réponse C qui est correcte.

Ceci est un exemple commun des questions que l'on rencontre lors des certifications. Il faut prendre le temps de bien lire la question et de décortiquer chacun des mots.

Que signifie ce signe : Σ

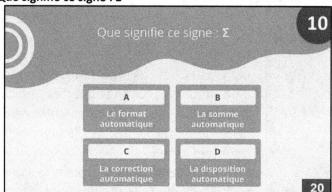

> **Réponse B**

Le signe Σ (sigma) est le symbole de la somme automatique sur Excel.
Il est présent sur le ruban de l'onglet Accueil et également sur celui de l'onglet Formules.

Sur le ruban Accueil :

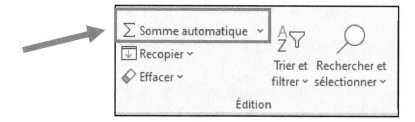

Sur le ruban Formules :

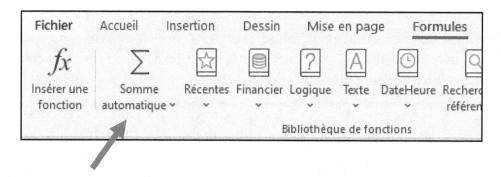

L'avantage de cette commande est de pouvoir poser la fonction somme avec un choix automatique de la plage de cellules à utiliser en argument. Ce qui donne une manipulation rapide et facile.

- Ouvrir le classeur Excel « révise_excel » accompagnant ce livre.
- Activer la feuille « **Exemple_2** ».
- Se positionner en cellule B7.
- Activer la commande du ruban portant le signe Σ et valider.

La cellule B7 comporte la formule

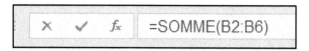

Et le résultat 1440.

SÉRIE 3 – NIVEAU 1

Lien : **https://url-r.fr/SKxBd**

Question_01

Comment appelle-t-on un fichier Excel ?

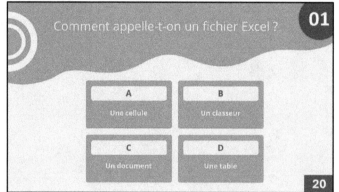

> **Réponse B**

Le classeur est le nom que l'on donne au fichier de stockage créé et géré par l'application Excel.
Un classeur est décomposé en feuilles de calcul.
Les feuilles de calcul sont composées de cellules.
Une table est un ensemble de cellules.

Par contre « le document » est le nom que l'on donne au fichier de stockage de l'application Word.

Question_02

Combien de feuilles de calcul sont proposées à l'ouverture d'un nouveau classeur ?

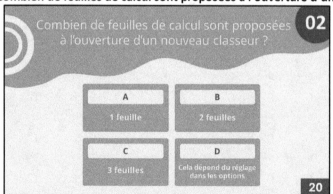

> **Réponse D**

Souvent le nombre de feuilles de calcul proposées à l'ouverture d'un nouveau classeur est soit 1, soit 3, car c'est un réglage par défaut.
Mais en réalité ce réglage peut être variable et modifiable dans les options de l'application.

Pour vérifier la valeur sur votre appareil et éventuellement la modifier :

- Activer l'onglet **FICHIER**.
- Sélectionner la commande **Option** (en bas à gauche de l'écran).
- Etre positionné sur la catégorie **Général**.
- Regarder la section « **Lors de la création de classeurs** ».
- La case « **Inclure ces feuilles** » indique le nombre de feuilles vides proposées à la création d'un nouveau classeur.

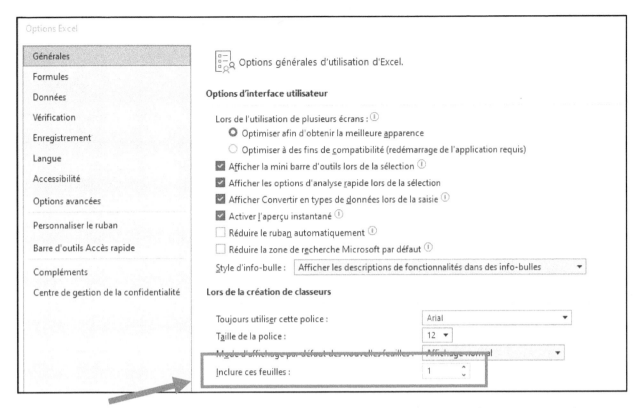

Dans cet exemple, une seule feuille sera proposée à la création d'un prochain nouveau classeur.

Vous pouvez régler cette valeur selon votre besoin.

Remarquez également que c'est dans cette section que l'on peut indiquer la police de caractères par défaut et la taille de ces caractères.

Question_03

Où dois-je faire un double-clic si je souhaite ajuster la largeur de la colonne B ?

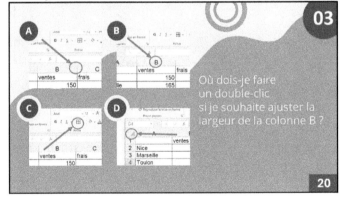

> ## Réponse A

Sur Excel on agit sur l'information qui est à gauche du curseur.

Ainsi si on effectue un double-clic sur le trait de séparation entre les colonnes B et C, on agit sur l'ajustement automatique de la largeur de la colonne de gauche, donc de la colonne B.

Dans une feuille de calcul, dans quoi sont stockées les données ?

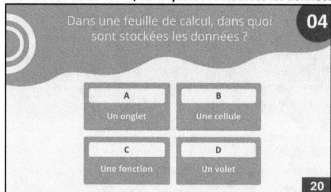

➤ **Réponse B**

Les données (texte ou numériques) sont stockées dans les cellules ① de la feuille de calcul.

Les onglets ne stockent rien car c'est les dénominations des rubans ou des feuilles.

Tandis que la fonction ne stocke pas de données mais les traitent.

Le volet est l'espace situé à gauche ou à droite de l'écran de l'application pour proposer des commandes. En voici un exemple avec le volet de sélection ② d'une forme :

A quoi correspond une série de signes ##### dans une cellule ?

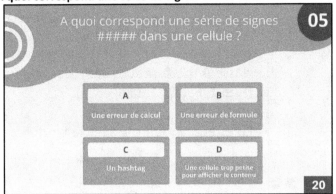

➤ **Réponse D**

Après un calcul, la largeur en caractères du résultat à afficher est sans doute plus grande que la largeur de la colonne. L'application ne peut pas modifier automatiquement la largeur et affiche dans ce cas-là une série de # dans la cellule concernée.

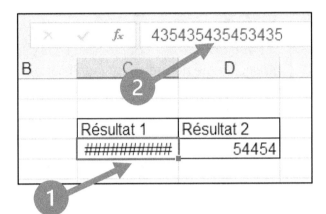

Pour en être sûr, il est recommandé de cliquer sur la cellule ① contenant ces # pour vérifier la valeur exacte attendue, dans la barre de formule ② .

Pour résoudre cela, il est possible d'agrandir la largeur de la colonne concernée.

Dans Excel, les messages d'erreurs précédés d'un signe # sont généralement des erreurs de formule ou de références. Voici quelques-uns des messages d'erreur courants :

#DIV/0! : Cette erreur apparaît lorsque vous tentez de diviser un nombre par zéro.

#N/A : Cela signifie "Non disponible" et apparaît généralement lorsque la fonction de recherche ou de correspondance ne peut pas trouver une valeur.

#NOM? : Cette erreur se produit lorsque Excel ne peut pas reconnaître le nom utilisé dans une formule.

#VALEUR! : Cela se produit lorsque vous entrez un argument de fonction incorrect, ou si une fonction renvoie une valeur incorrecte.

#REF! : Cette erreur apparaît lorsqu'une référence de cellule est invalide. Par exemple, si vous supprimez une cellule sur laquelle une formule dépend, Excel affichera #REF!.

#NULL! : Cette erreur indique qu'une référence de cellule est incorrecte dans une formule - par exemple, si vous avez omis de mettre un opérateur entre deux références de cellules.

#ERREUR! : C'est un message d'erreur générique qui se produit lorsque quelque chose ne va pas dans une formule, mais que la nature exacte de l'erreur n'est pas spécifiée.

Comment peut-on renommer une feuille de calcul ?

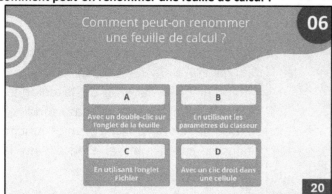

> **Réponse A**

Les feuilles de calcul d'un nouveau classeur portent un nom par défaut (Feuil1, Feuil2, Feuil3, etc...).

En effectuant un clic avec le bouton de droite de la souris sur l'onglet ① d'une feuille, un menu contextuel s'ouvre.

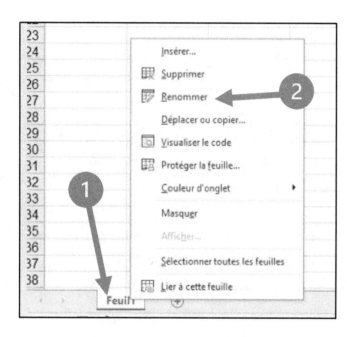

Il faut sélectionner la commande « **Renommer** » ② pour le nom Feuil1 se grise, afin de permettre sa modification.

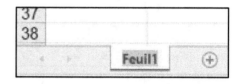

On peut effectuer la même manipulation sans ouvrir le menu contextuel, en effectuant un double-clic sur l'onglet de la feuille à renommer.

Quelle est la combinaison de touches qui permet de revenir rapidement au début d'une feuille de calcul (A1) ?

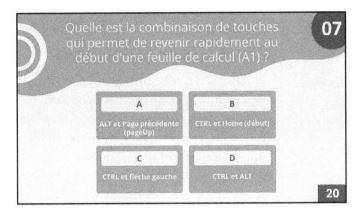

> **Réponse B**

Sur certains claviers la touche de début se nomme Home (selon la marque du clavier).

En appuyant en même temps sur les touches CTRL et Début, la cellule active de la feuille de calcul actuelle se placera automatiquement en cellule A1.

Sur quelques claviers, cette touche est aussi matérialisée par une flèche oblique.

Voici ci-dessous 3 illustrations de la même touches avec des appellations différentes :

Dans quel groupe du ruban Accueil peut-on obtenir le format en monétaire en euros ?

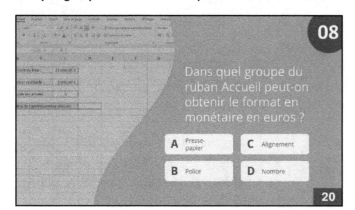

➢ **Réponse D**

Chaque ruban est décomposé en groupe. Le quatrième groupe du ruban ACCUEIL est le groupe « **Nombre** ». Il contient les commandes associées à la mise en forme des contenus et plus particulièrement des nombres.

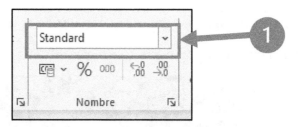

Le format « **Monétaire** » ② peut être obtenu à partir de la liste déroulante des formats ①.

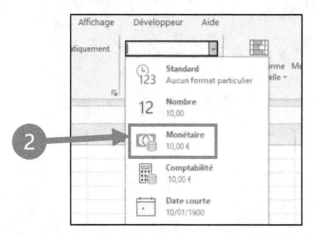

Attention à ne pas confondre les formats « **Monétaire** » et « **Comptabilité** » qui renvoient apparemment la même mise en forme du contenu.

Le format « **Monétaire** » colle le signe de la devise sur le bord droit de la cellule, tandis que le format de « **Comptabilité** » aligne les signes monétaires juste à côté droit du nombre.

Le format « **Comptabilité** » présente les données avec un espacement plus important entre la valeur et le symbole monétaire. Il aligne également les symboles monétaires et les décimales des nombres dans une colonne. Les zéros sont affichés sous forme de traits d'union et les nombres négatifs entre parenthèses.

Comment changer la couleur de remplissage d'une cellule ?

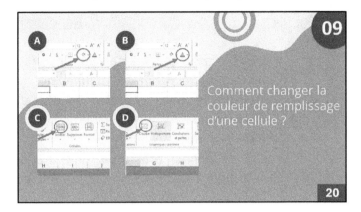

> **Réponse A**

La couleur de remplissage d'une cellule est la couleur de fond de cette cellule.

C'est le pictogramme du <u>pot de peinture</u> qui est accompagné d'une liste déroulante pour choisir la couleur voulue.

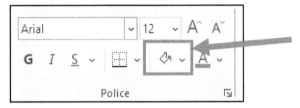

En parlant de couleur dans Excel, le terme "remplissage" fait référence à la couleur utilisée pour remplir l'intérieur d'une cellule, d'une forme ou d'une plage de cellules. Cette fonctionnalité permet de mettre en évidence des données spécifiques, de distinguer visuellement certaines parties d'une feuille de calcul ou de créer des graphiques plus attrayants.

En fait, il existe 4 utilisations de l'appellation « **remplissage de couleur** » dans Excel :

Mise en évidence des données : Vous pouvez utiliser le remplissage pour mettre en évidence des données importantes ou des cellules spécifiques dans votre feuille de calcul. Par exemple, vous pourriez utiliser une couleur de remplissage différente pour indiquer les chiffres positifs et négatifs, ou pour mettre en évidence les totaux.

Organisation visuelle : Le remplissage de couleur peut être utilisé pour organiser visuellement vos données. Par exemple, vous pourriez utiliser différentes couleurs pour représenter différentes catégories de données, ce qui rend plus facile pour les utilisateurs de comprendre et d'analyser les informations.

Personnalisation des graphiques : Lors de la création de graphiques dans Excel, vous pouvez utiliser le remplissage pour colorer les barres, les secteurs de graphique ou d'autres éléments afin de les rendre plus visuellement attrayants et informatifs.

Création de mises en forme conditionnelles : Le remplissage de couleur est également utilisé dans les règles de mise en forme conditionnelle pour appliquer automatiquement un format à une cellule en fonction de certaines conditions. Par exemple, vous pourriez utiliser une mise en forme conditionnelle pour colorer en rouge les cellules contenant des valeurs inférieures à un seuil spécifique.

Quelle touche du clavier faut-il utiliser pour sélectionner des blocs non continus ou une sélection multiple ?

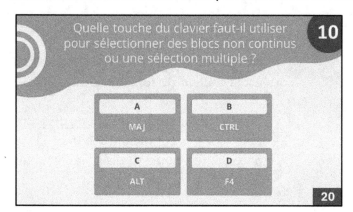

➢ **Réponse B**

Des blocs de cellules non continus (ou non contiguës) sont des cellules qui ne sont pas les unes à côtés des autres et pour lesquelles une sélection simple n'est pas possible.

On va donc effectuer une multi-sélection à l'aide de la touche CTRL du clavier.

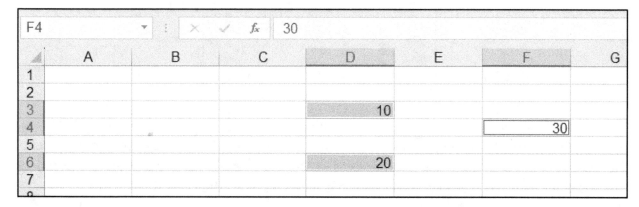

Dans l'exemple ci-dessus ; il faut d'abord cliquer sur la cellule **D3**, puis appuyer sur la touche **CTRL** en la maintenant appuyé, puis cliquer sur la cellule **D6**, et enfin cliquer sur la cellule **F4** avant de relâcher la touche **CTRL**.

SÉRIE 4 – NIVEAU 2

Lien : **https://url-r.fr/DiuuL**

Comment se nomme cette barre ?

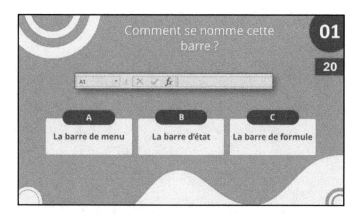

➢ **Réponse C**

Cette barre est la barre de formule car c'est elle qui fait apparaître la formule de calcul d'une cellule pendant la saisie, mais également après validation quand la cellule affiche le résultat obtenu par le calcul.

Cette barre est composée de 5 éléments :

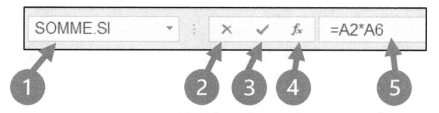

1. La zone nom qui contient la liste des fonctions ou la liste des références nommées.
2. La croix d'annulation de la formule en cours de frappe.
3. La coche de validation de la formule saisie.
4. Le bouton Fx qui appelle l'assistant fonction.
5. La zone de formule qui affiche la formule en cours de frappe ou déjà existante.

De quel onglet est extrait cette partie de son ruban ?

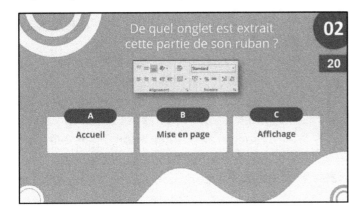

> **Réponse A**

Les groupes **Alignement** et **Nombres** appartiennent au ruban de l'onglet ACCUEIL.

C'est le ruban le plus utilisé sur l'application Excel, il contient les commandes de base.

Quel est le nombre maximum d'éléments pouvant être stockés dans le presse-papiers ?

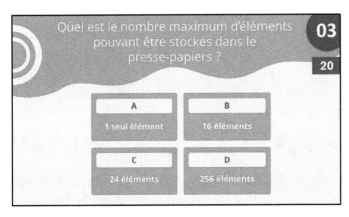

> **Réponse C**

Cette fonctionnalité appelée presse-papiers, permet principalement aux utilisateurs de Couper, Copier et Coller des données et des formats à l'intérieur et entre les feuilles de calculs.

Il est accessible à partir du ruban ACCUEIL et peut stocker un maximum de 24 éléments.

Quand on utilise de manière simple les fonctions du presse-papiers, celui-ci stocke et restitue uniquement le dernier élément traité, mais il est possible d'accéder à son historique de stockage et d'avoir ainsi une gestion plus judicieuse des éléments copiés. Sans oublier que le presse-papiers concerne l'ensemble des applications Office (Excel, Word, Powerpoint, etc...)

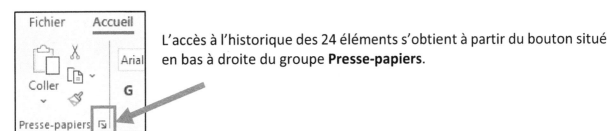

L'accès à l'historique des 24 éléments s'obtient à partir du bouton situé en bas à droite du groupe **Presse-papiers**.

Où dois-je cliquer pour voir la feuille de calcul qui précède le tableau des rencontres ?

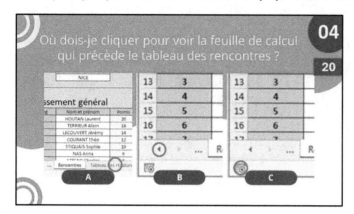

> **Réponse B**

Un classeur peut parfois contenir de nombreuses feuilles de calcul.

Les feuilles sont accessibles par les onglets de feuilles situées en bas à gauche de l'application, mais elles ne pas forcément toutes accessibles.

Il existe donc 2 boutons de navigation pour se déplacer vers les feuilles précédentes ou les feuilles suivantes.

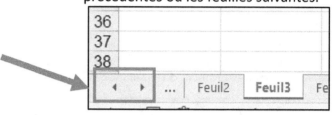

Quelle commande doit-on utiliser pour ajuster le titre de la ligne 1 ?

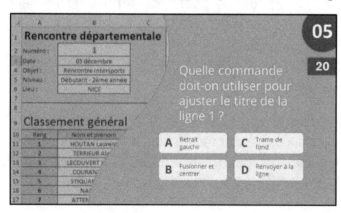

> **Réponse B**

Sur l'image on peut remarquer que le titre « Rencontre départementale » occupe les cellules A1, B1 et C1.

En réalité il est contenu uniquement dans la cellule A1 et les trois cellules ont été fusionnées

La procédure :

- Sélectionner les 3 cellules A1, B1 et C1,
- Activer le bouton « **Fusionner et centrer** ».

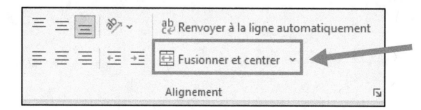

Par défaut, comment s'alignent les valeurs numériques dans la cellule ?

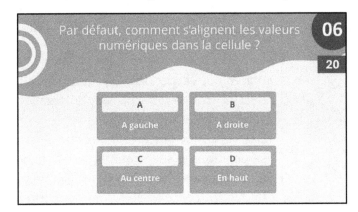

➢ **Réponse B**

Par défaut, sans aucun changement de format, les données numériques (nombres ou dates) s'alignent à droite dans les contenus de cellules.

Cela signifie que lorsque vous saisissez ou insérez une valeur numérique dans une cellule, elle est automatiquement alignée sur la droite de cette cellule. Cette convention d'alignement est cohérente avec la présentation habituelle des nombres dans de nombreux contextes, où les chiffres sont généralement alignés sur la droite pour faciliter la comparaison des valeurs, surtout lorsqu'elles ont des longueurs différentes.

Par contre, les chaînes de caractères (Texte) s'alignent par défaut à gauche dans les contenus de cellules.

Où dois-je me positionner afin de pouvoir insérer une nouvelle ligne au-dessus de 'Classement général' ?

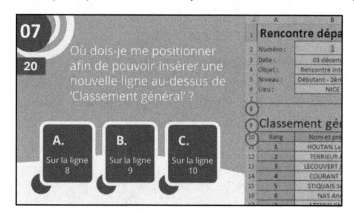

> **Réponse B**

L'application propose généralement de pouvoir effectuer des insertions soit au-dessus, soit à gauche de la position sélectionnée.

Dans le cas de l'insertion de ligne, il faut se positionner sur le numéro de la ligne et demander l'insertion d'une ligne par le menu contextuel ou le raccourci-clavier pour que la nouvelle ligne s'ajoute au-dessus.

Dans l'exemple ci-contre, la ligne 13 a été sélectionnée, l'insertion de la nouvelle ligne se fera donc au-dessus de la ligne 13. Le mot cerise descendra en ligne 14, etc...

Si vous souhaitez insérer plusieurs lignes à la fois, vous pouvez également sélectionner plusieurs lignes en même temps avant de cliquer avec le bouton droit de la souris et de choisir "Insérer". Cela ajoutera autant de lignes vides que de lignes sélectionnées.

Dans les versions récentes d'Excel, la limite d'insertion de lignes est généralement déterminée par la mémoire disponible sur votre ordinateur et par la taille maximale autorisée pour un classeur Excel.

La limite théorique du nombre de lignes dans une feuille de calcul Excel est d'environ 1 048 576 lignes, et cette limite est valable pour les versions d'Excel 2007 et ultérieures (à partir du format de fichier .xlsx). Dans les versions plus anciennes d'Excel utilisant le format de fichier .xls, la limite était de 65 536 lignes.

Cependant, insérer un grand nombre de lignes peut avoir un impact sur les performances d'Excel et de votre ordinateur en général, en particulier si vous insérez des milliers ou des millions de lignes à la fois. Il est donc conseillé de ne pas insérer un nombre excessif de lignes à moins que cela ne soit absolument nécessaire. De plus, la capacité d'Excel à gérer un grand nombre de lignes dépend également des spécifications de votre ordinateur, notamment la quantité de RAM disponible. Si vous rencontrez des problèmes de performance en raison d'un grand nombre de lignes, il peut être judicieux de réévaluer la manière dont vous travaillez avec vos données ou d'envisager d'utiliser une base de données plutôt qu'Excel pour gérer de grandes quantités de données.

Parmi les données suivantes saisies dans une cellule, laquelle ne sera pas prise comme un nombre ?

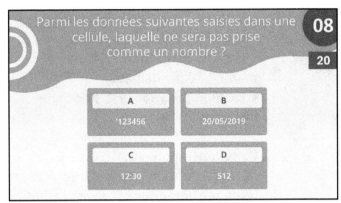

> **Réponse A**

Le contenu en B est une date, qui est considérée comme une valeur numérique.

Le contenu en C est une heure (midi et trente minutes) qui est considérée comme une valeur numérique.

Le contenu en D est un nombre entier.

Par contre, le contenu proposé en A est une chaîne de caractères (texte) car le premier caractère est une apostrophe. Même si les caractères qui suivent sont des chiffres, l'ensemble est considéré comme une chaîne de caractères, donc ce n'est pas un nombre. La preuve ; le contenu est à gauche de la cellule.

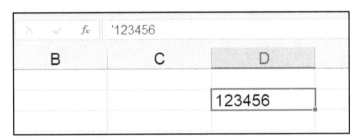

Quelle est l'utilité du double-clic sur le trait de séparation de 2 colonnes ?

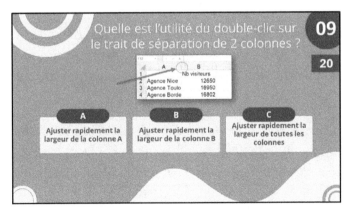

> **Réponse A**

Un double-clic sur le trait de séparation entre deux colonnes permet d'agir sur la largeur de <u>la colonne de gauche</u> pour effectuer automatiquement un ajustement des contenus de la colonne concernée.

Dans la formule ci-dessous quelle est l'utilité des parenthèses ?

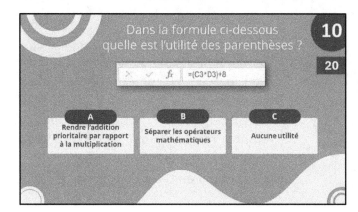

> **Réponse C**

C'est l'application d'une règle mathématique de base :
« La multiplication est prioritaire sur l'addition. »

Dans l'opération =(C3 * D3) + 8
La multiplication C3 * D3 se fera de toute manière toujours avant l'addition avec la valeur 8 donc les parenthèses sont inutiles.
On aurait pu poser l'opération ainsi pour le même résultat :

= C3 * D 3 + 8

Prenons un autre exemple :

Je souhaite calculer = C3 + D3 * 8

Je dois me poser la question des priorités. Faut-il multiplier 8 par D3 ?
Ou 8 par le résultat de l'addition de C3 et D3 ?

Dans le premier cas, je ne touche pas à l'écriture utilisée, alors que dans le second cas je dois poser des parenthèses comme ci-dessous :

= (C3 + D3) * 8

Les parenthèses sont un outil important dans Excel pour structurer les formules, délimiter les arguments des fonctions, contrôler l'ordre des opérations et créer des formules imbriquées complexes. Elles permettent une flexibilité et une précision accrues lors de la création de formules dans vos feuilles de calcul.

Même si la question proposée réclamait la réponse « Aucune utilité », nous vous recommandons d'en mettre le plus souvent possible, pour faciliter la lecture ou vous réconforter dans la construction par étape de votre formule de calcul, surtout si celle-ci est complexe et longue.

SÉRIE 5 – NIVEAU 3

Lien : **https://url-r.fr/kdltK**

Question_01

Quels sont les types d'éléments pouvant être saisis dans une cellule ?

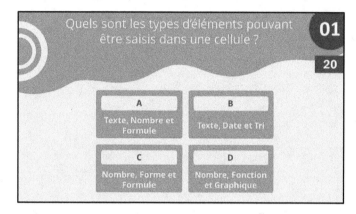

> **Réponse A**

La saisie est matérialisée par un curseur qui est positionné à la fois dans la cellule active mais également présent dans la barre de formule.

On peut saisir 3 types d'informations

- Des valeurs numériques (nombres),
- Des chaînes de caractères (texte),
- Des formules de calcul (précédé du signe =)

La date est une valeur numérique donc la réponse serait acceptable, mais le tri est une fonctionnalité et non un élément.

Une forme (carré, rond, flèche, etc…) est un objet qui se superpose à la feuille de calcul, mais qui ne peut pas être saisi.

Une fonction fait partie intégrante d'une formule donc la réponse est acceptable mais un graphique se dessine dans un objet superposable à la feuille de calcul ou dans une feuille graphique. Il n'est pas saisissable dans la cellule.

Toutefois, un nouveau type de graphique appelé « graphique sparkline » a été introduit dans l'application Excel et permet d'obtenir des représentations graphiques simplifiées dans le contenus des cellules. Mais ces représentations sont calculées à partir d'autres données et non saisies.

Exemple d'une représentation Sparkline :

	A	B	C	D	E
1		Ventes 2021	Ventes 2022	Ventes 2023	Evolution
2	Espagne	123	154	187	
3	France	112	135	188	
4	Italie	162	169	187	
5					

Dans quel menu accède-t-on aux commandes de protection du classeur ?

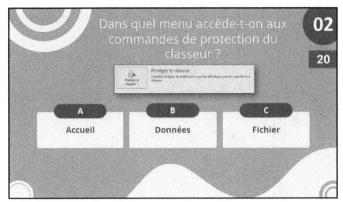

> **Réponse C**

2 menus contiennent des commandes liées aux protections des données. Il s'agit des menus FICHIER et REVISIONS.

Dans la question proposée, l'extrait visuel provient du menu FICHIER.

- Ouvrir le classeur Excel « révise_excel » accompagnant ce livre.
- Activer l'onglet FICHIER.
- Sélectionner la commande « **Informations** » sur le menu vert de gauche.
- Cette option se situe en haut de l'écran :

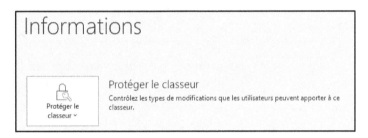

En cliquant sur le bouton « **Protéger le classeur** », un menu déroulant s'ouvre avec de nouvelles options.

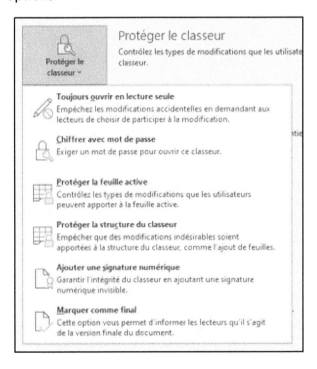

L'ensemble de ces options concerne la protection du classeur, et plus particulièrement ce que peuvent faire les utilisateurs à ce classeur.

Il peut être ouvert en lecture seule pour éviter les modifications. On peut protéger la feuille de calcul active ou protéger la structure du classeur dans sa globalité.

Il est possible également d'associer un mot de passe infalsifiable (avec un chiffrement plus fort) ou de signer de manière invisible ce classeur pour éviter les plagiats.

A partir de quel ruban, puis-je trouver des outils de protection de la feuille et du classeur ?

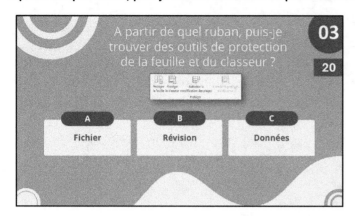

> **Réponse B**

Cette question complète la précédente sur les protections.

Les outils de protection sont accessibles à partir du groupe « **Protéger** » qui est sur le ruban REVISIONS.

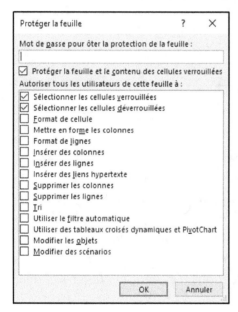

Le premier bouton « **Protéger la feuille** » agira sur la feuille active du classeur actuellement utilisée.

Il va permettre d'associer un mot de passe classique pour protéger la feuille et les cellules verrouillées, au niveau des formats, mises en formes, insertions, suppressions, filtres et modifications.

Le second bouton « **Protéger le classeur** » agira sur le classeur complet actuellement utilisé pour associer un mot de passe classique (non chiffré) au fichier afin de protéger la structure du classeur.

Je souhaite créer un nouveau classeur sans fermer celui sur lequel je travaille.
A partir de quelle commande, puis-je créer un nouveau classeur (en un seul clic) ?

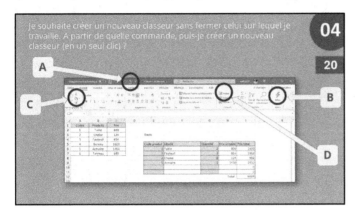

> **Réponse A**

En haut à gauche de l'application Excel, nous disposons d'une barre de raccourcis appelée « **Barre d'accès rapide** ».

Cette barre contient des pictogrammes associés à des commandes. Il est possible de personnaliser cette barre.

Dans l'exemple visuel, la barre d'accès rapide contient le pictogramme 1 « **Nouveau classeur** ».

Pour ajouter des pictogrammes à cette barre, il faut utiliser la flèche déroulante 2 .

Cela permet de disposer de raccourcis plus rapides à utiliser que la navigation dans les menus, rubans et options.

Il est également possible de placer cette barre d'accès rapide en dessous du ruban :

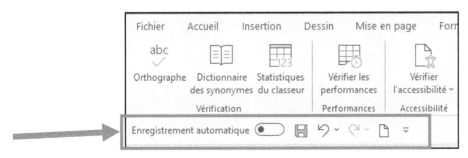

A partir de quelle commande, puis-je changer les couleurs du thème Office ?

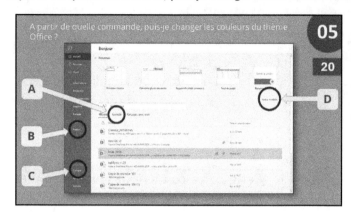

> **Réponse C**

L'application d'un thème dans Excel se compose d'éléments de conception unifiés tels que les couleurs, les polices et les effets qui améliorent l'apparence globale de la feuille de calcul.

- Ouvrir le classeur Excel « révise_excel » accompagnant ce livre.
- Activer l'onglet FICHIER.
- Sélectionner la commande « **Compte** » sur le menu vert de gauche.

Sur la partie de gauche de l'écran, il y a deux listes déroulante permettant de personnaliser les couleurs utilisées pour l'interface de l'application Excel :

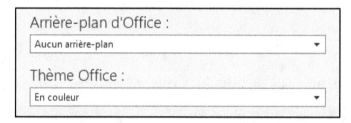

L'arrière-plan est situé en haut à droite de l'application et contient les boutons de navigations et de confort.

Le thème (réglé « En couleur ») permet donc de choisir une palette de couleurs sombres, claires ou colorées. C'est selon le goût de chacun.

L'ensemble des couleurs et des nuances seront en harmonie.

Il est possible par la suite de modifier ces palettes de couleur en activant l'onglet MISE EN PAGE et en utilisant les commandes du groupe « **Thèmes** » sur le ruban :

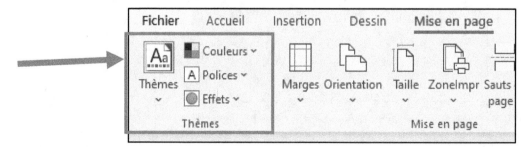

Si un bouton de connexion est affiché dans la barre de titre.
A quoi peut-il servir ?

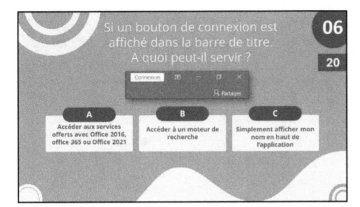

> **Réponse A**

Ce bouton connexion sert à connecter votre compte Microsoft lors d'une utilisation qui n'est pas en mode local.

Donc si vous utilisez votre ordinateur en mode local uniquement, ce bouton ne vous est pas utile. Et il n'est pas présenté sur toutes les versions d'Excel.

Depuis la version 2016 et surtout de l'introduction de la version 365, il peut être nécessaire d'accéder, pendant son utilisation de l'application, à un ensemble de services ou à une simple identification du compte associé à votre licence d'utilisation.

Le premier service concerné est l'espace de stockage **onedrive**, qui permet de sauvegarder et d'utiliser des classeurs qui ne seront pas présents sur votre appareil en local. C'est la notion de cloud.

La connexion permet également d'être identifié pour partager avec d'autres utilisateurs des classeurs et les alimenter en commentaires. C'est fort utile pour le travail collaboratif.

Les applications Microsoft proposent également des mises à jour régulières qui s'effectuent automatiquement sur vos applications installées si votre compte Microsoft est lié à votre utilisation.

De plus, de nouveaux modèles gratuits de documents sont proposés continuellement pour enrichir l'utilisation des applications.

Avec quelle combinaison de touches peut-on masquer le ruban ou de le refaire apparaître ?

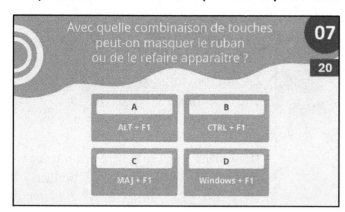

> **Réponse B**

Si vous n'avez pas assez de place sur l'écran, vous pouvez masquer le ruban et le refaire apparaître avec la même combinaison de touches.

CTRL + F1

Cela donnera ceci :

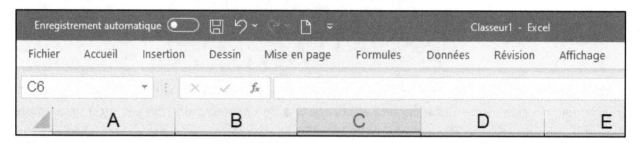

Cette manipulation est intéressante lorsque l'on a de grands tableaux avec plusieurs lignes à visualiser ou si on utilise l'application Excel lors d'une projection sur grand écran pour une réunion de travail ou en visio-conférence.

Il est également posisble d'effectuer la même manipulation à partir d'un petit bouton « discret en forme de toit » situé à l'extrémité droite du ruban :

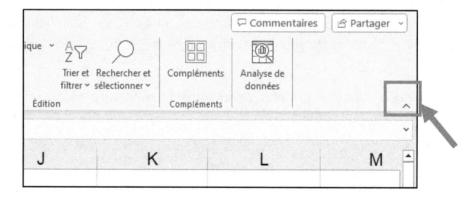

Où puis-je définir un dossier où j'ai l'habitude de ranger la plupart de mes documents ?

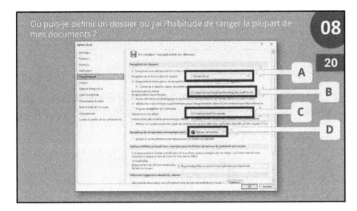

➢ **Réponse C**

Une des plus grande erreur constatée chez les utilisateurs débutants, est qu'ils ne savent pas retrouver les classeurs qu'ils ont sauvegardé. Tout simplement parce qu'ils ne font pas attention à l'endroit exact où il a été enregistré sur l'appareil.

Il faut savoir que Microsoft a prévu cela en définissant un dossier de sauvegarde par défaut, il s'agit de :

C:\Users**nom_utilisateur**\Documents

Où le nom-utilisateur est votre nom d'identifiant sur l'appareil utilisé.

Je recommande fortement de créer un dossier de travail sur l'appareil utilisé et de le renseigner dans les options de l'application Excel.

- Ouvrir le classeur Excel « révise_excel » accompagnant ce livre.
- Activer l'onglet FICHIER.
- Sélectionner la commande « **options** » sur le menu vert de gauche.
- Sélectionner la catégorie « **Enregistrement** ».

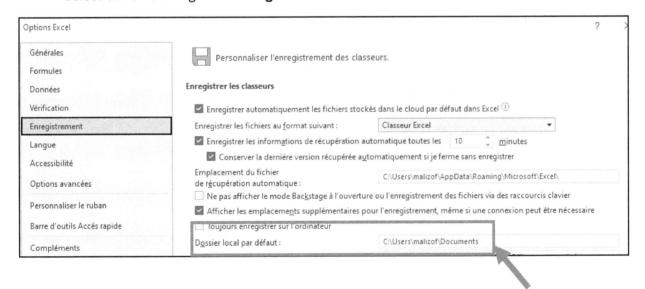

Mon nom d'utilisateur sur mon appareil est malizof. Mon dossier (par défaut) de sauvegarde de mes documents est donc : C:\Users**malizof**\Documents

Je peux désigner dans cette case un autre dossier.

Parfois avec une mauvaise manipulation, on peut perdre l'affichage du ruban, des menus ou de la barre de titre. A partir de quelle commande, puis-je gérer et rétablir ces affichages ?

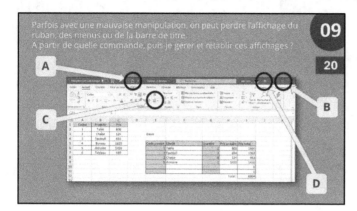

> **Réponse D**

Une mauvaise manipulation (surtout dans ses débuts de l'utilisation de l'application Excel) peut arriver rapidement. Et la plus surprenante est de perdre l'intégralité des outils, onglets et rubans.

Ce qui peut donner :

Pour remédier à cela, une commande a été ajoutée sur la barre de titre :

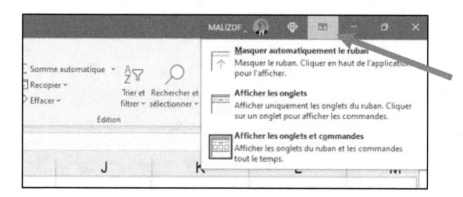

Cette commande permet d'ouvrir un menu déroulant qui permet de restituer l'affichage uniquement des onglets du ruban ou les onglets avec les commandes du ruban.

Je fais beaucoup d'erreurs de frappe. J'aimerai que ces erreurs se corrigent sans mon intervention.
A partir de quelle commande, puis-je régler cette possibilité ?

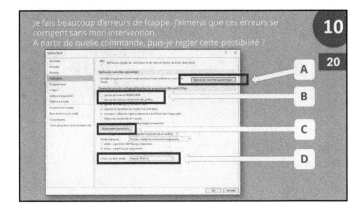

> **Réponse A**

L'application Excel propose le même outil que l'application Word pour la correction automatique des erreurs de frappe.
Ce qui est assez pratique car on a tendance à saisir rapidement des informations dans les cellules de la feuille de calcul.

Le dictionnaire comporte déjà de nombreux cas d'erreurs classiques, mais il est possible d'en ajouter des plus spécifique à notre environnement de travail.

- Ouvrir le classeur Excel « révise_excel » accompagnant ce livre.
- Activer l'onglet FICHIER.
- Sélectionner la commande « **options** » sur le menu vert de gauche.
- Sélectionner la catégorie « **Vérification** ».

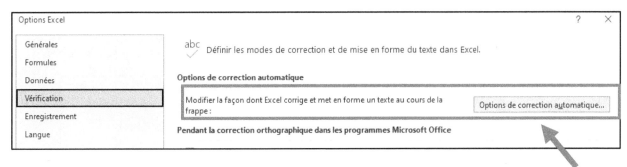

- Activer le bouton « **Options de correction automatique…** ».

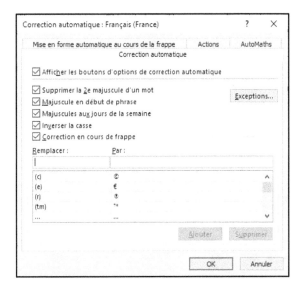

SÉRIE 6 – NIVEAU 3

Lien : **https://url-r.fr/tXJjC**

Question_01

Je souhaite imprimer mes tableaux sur une seule page, en paysage (A l'horizontale).
Quelle est la commande qui me permet de définir ce format ?

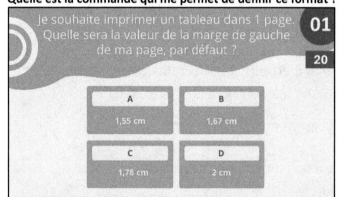

➢ **Réponse C**

En vue de l'impression, il est important de connaître les dimensions des marges par défaut qui seront appliquées.

Il est également possible de modifier ces marges afin d'ajuster la dimension d'un tableau à imprimer.

- Ouvrir le classeur Excel « révise_excel » accompagnant ce livre.
- Activer l'onglet MISE EN PAGE.
- Sélectionner la commande « **Marges** » dans le groupe « Mise en page » sur le ruban.

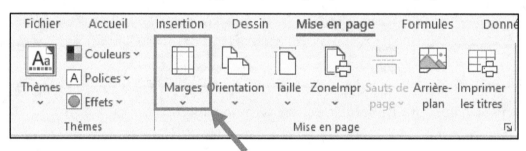

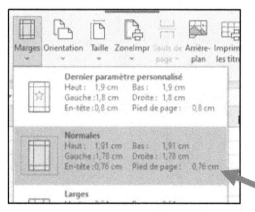

Un menu déroulant propose 4 formats de marges.
Le format utilisé par défaut est grisé et se nomme « **Normales** ».

On peut lire les dimensions des marges actuellement appliquées sur le classeur.
La marge de gauche est de 1,78 cm

Je souhaite imprimer mes tableaux sur une seule page, en paysage (A l'horizontale).
Quelle est la commande qui me permet de définir ce format ?

> **Réponse A**

Le format « paysage » ou « à l'horizontale » ou « à l'Italienne » n'est pas le format d'impression par défaut sur l'application Excel mais il peut être pratique pour l'impression de longs tableaux 'avec plusieurs colonnes).

- Ouvrir le classeur Excel « révise_excel » accompagnant ce livre.
- Activer l'onglet MISE EN PAGE.
- Sélectionner la commande « **Orientation** » dans le groupe « Mise en page » sur le ruban.

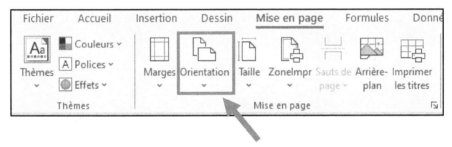

Un menu déroulant propose 2 choix.
L'orientation utilisée par défaut est grisée et sera toujours sur « Portrait » à la création d'un nouveau classeur.

Il est toutefois intéressant de savoir que ce changement d'orientation peut aussi être modifié dans la page d'impression.

J'ai deux classeurs ouverts pour travailler successivement sur chacun d'eux.
Quelle est la combinaison de touches qui me permet de basculer de l'un à l'autre ?

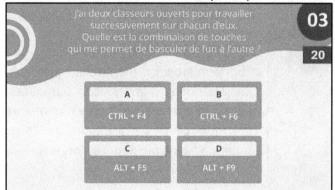

➤ **Réponse B**

Il est assez pratique de copier/coller des données entre deux classeurs, voir en compléter un tout en se servant d'un autre.

Il faut donc pouvoir « passer » d'un classeur à l'autre rapidement et facilement.

Ce raccourci clavier est donc très utile dans cette situation.

- Ouvrir le classeur Excel « révise_excel » accompagnant ce livre.
- Activer l'onglet FICHIER.
- Sélectionner la commande « **Nouveau** » dans le menu de gauche.
- Sélectionner « Nouveau classeur ».

Nous avons dorénavant 2 classeurs ouverts. Le nouveau classeur est actif et en plein écran.

- Utiliser la combinaison de touches : **CTRL + F6**.

L'écran bascule sur le précédent classeur.

C'est la méthode la plus simple et la plus rapide. Il existe une autre possibilité à partir de l'onglet AFFICHAGE en utilisant la commande « **Changer de fenêtre** » ①.

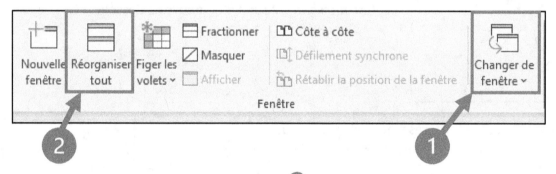

Ou d'utiliser la commande « Réorganiser tout » ② pour afficher de manière permanente les deux classeurs à l'écran.

Choisir l'option « Verticale » ou « Horizontale » selon vos besoins. Pour un travail sur une plage de données, l'option « Verticale » est plus adaptée, tandis que l'option »Horizontale » est plus pratique pour des comparaisons de lignes sur des longs tableaux.

Je construis un nouveau tableau avec des formules. Je dois être prudent et sauvegarder régulièrement.
Quelle commande puis-je activer pour sauvegarder rapidement mon travail en cours ?

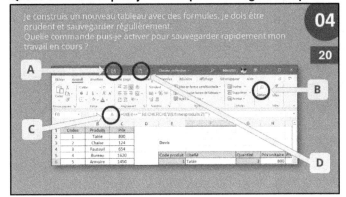

> **Réponse A**

Encore une fois, la barre d'accès rapide est bien pratique car elle contient un raccourci avec un pictogramme ayant la forme d'une disquette.

Dès l'instant où l'on possède cette barre d'accès rapide sur sa version de l'application Excel, ce pictogramme est affiché par défaut. Cette fonctionnalité existe depuis la version 2010.

Il existe d'autres alternatives pour sauvegarder son classeur et ne pas perdre son travail.

Comme le raccourci-clavier avec la combinaison de touche **CTRL** + **S**.

Ou l'enregistrement automatique (s'il est activé) qui enregistre régulièrement le travail sur l'espace de stockage désigné préalablement.

La coche doit être présente sur cette option.

C'est une fonctionnalité très intéressante pour les utilisateurs ayant tendance à oublier d'effectuer des sauvegardes durant leur travail. L'idéal dans ce cas est de posséder un abonnement au cloud Onedrive 365 (soit entreprise soit personnel).

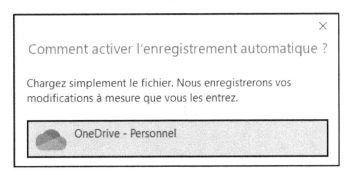

La cellule F6 contient une marque rouge sur son coin supérieur droit.
Que signifie cette marque ?

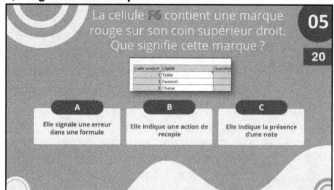

> **Réponse C**

La marque rouge sur le coin supérieur droit d'une cellule indique la présence d'une note.

La note peut être ajoutée à la cellule en utilisant le menu contextuel.

Code produit	Libellé		Quantité
1	Table		
3	Fauteuil		
2	Chaise		

La note sera saisie dans un cadre jaune comportant le nom d'utilisateur de celui qui l'a créée. Ici c'est mon nom d'utilisateur « malizof ».
Ce nom peut être supprimé.

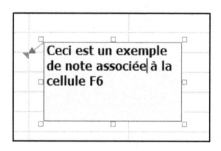

Les notes dans Excel 2019 et Office 365 (appelées « commentaires » dans les versions antérieures d'Excel) ne disposent pas d'une zone de réponse. Elles servent uniquement à ajouter des annotations dans des cellules.

Ceci est très utile pour annoter des informations supplémentaires ou des explications spécifiques liées à une cellule. Elles peuvent être consultées en plaçant le curseur sur la cellule.

Les notes peuvent ainsi être utilisées comme pense-bête ou pour transmettre des informations à d'autres utilisateurs.

Il ne faut pas confondre les notes et les commentaires !

Les notes sont des annotations sur les données, tandis que les commentaires ont une boîte de réponse. Lorsque les gens répondent, vous verrez plusieurs commentaires connectés, affichant des conversations virtuelles dans le bloc-notes.

Ci-dessous, une zone de l'écran est indiquée en jaune.
Quelle est l'utilité de cette zone ?

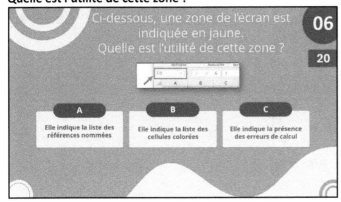

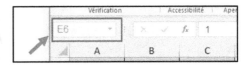

> **Réponse A**

Cette zone s'appelle « la zone nom ».

Dans l'exemple, elle indique que la cellule active est positionnée en E6.

La zone nom dans Excel est un outil puissant qui permet d'attribuer un nom significatif (référence nommée) à une plage de cellules, une formule ou une constante.

- Ouvrir le classeur Excel « révise_excel » accompagnant ce livre.
- Activer la feuille « Exemple_2 ».
- Se positionner sur la cellule verte en F10.

La référence de la cellule active est donc affichée dans la zone nom :

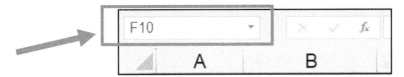

En cliquant sur la flèche située à droite de cette zone, une liste déroulante des références nommées de ce classeur sera proposée.

Tableau_produits est une référence nommée associée à la zone de cellules A1 :D6.

En cliquant sur ce nom, la zone A1 :D6 sera sélectionnée automatiquement.

Il est également possible de saisir le nom ou la référence de cellule à atteindre dans cette case.

- Se positionner sur la cellule verte en F10.
- Saisir la référence MM100 dans la zone nommée et valider en appuyant sur la touche **entrée**.

La cellule active est dorénavant la cellule MM100.

Je souhaite enregistrer mon classeur actif pour qu'il puisse me servir de modèle pour mes futures utilisations. Où dois-je cliquer, pour indiquer cela au moment de la sauvegarde ?

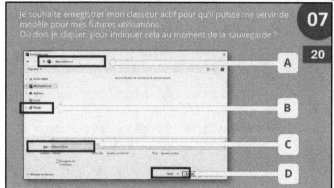

➢ **Réponse C**

Le modèle est un **type** de fichier que l'on peut créer au moment de la sauvegarde.

Le modèle sert à créer des copies préparées de son classeur.

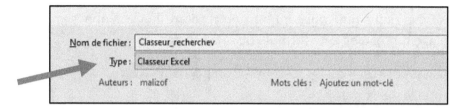

En cliquant sur la case **Type**, qui se situe en dessous de la case où l'on nomme le fichier de sauvegarde, une liste déroulante apparait en proposant différents formats de fichiers :

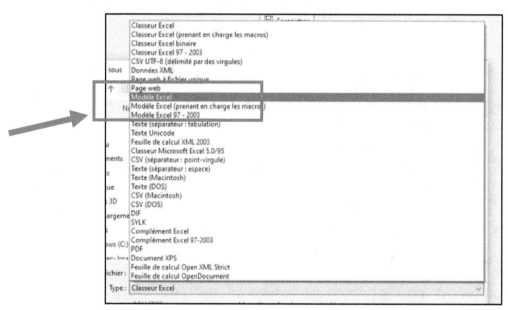

L'extension (sous windows) d'un fichier modèle excel est **.xlts**

Quand on crée un fichier modèle de son classeur, il est important de sauvegarder également le classeur afin de disposer des deux fichiers, car le modèle ne pourra jamais être modifié compte-tenu qu'il ne peut s'ouvrir lui-même mais qu'il ouvre des copies. C'est donc sur le fichier classique qu'il faudra effectuer les modifications, puis sauvegarder à nouveau au format modèle pour écraser le fichier modèle précédent.

La cellule active est positionnée en E2. Je souhaite me placer rapidement sur la dernière cellule occupée dans la feuille (marquée en jaune).

Quelle combinaison de touches puis-je utiliser ?

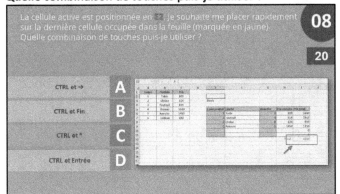

> **Réponse B**

On a pu voir dans la question 7 de la série 3 que le retour en début de feuille de calcul (cellule A1) est la combinaison de touches **CTRL** et **Début**. Pour obtenir le positionnement de la cellule active sur la dernière cellule de la feuille de calcul en cours d'utilisation sera **CTRL** et **Fin.**

La dernière cellule sera toujours la cellule ayant un contenu, et étant placé le plus à droite et la plus basse dans la feuille de calcul.

Dans l'exemple proposé, la dernière cellule est la cellule I12.

	A	B	C	D	E	F	G	H	I	J
1	Codes	Produits	Prix							
2	1	Table	800							
3	2	Chaise	124		Devis					
4	3	Fauteuil	654							
5	4	Bureau	1620		Code produit	Libellé	Quantité	Prix unitaire	Prix total	
6	5	Armoire	1450		1	Table	2	800	1600	
7	6	Tableau	680		3	Fauteuil	3	654	1962	
8					2	Chaise	8	124	992	
9					5	Armoire	1	1450	1450	
10									0	
11									0	
12								Total	6004	
13										
14										
15										
16										
17										
18										

Le titre de colonne en cellule F5 n'est pas totalement lisible. Je souhaite agrandir la largeur de cette colonne. Je peux faire cette manipulation avec un double-clic. Mais où dois-je le faire ?

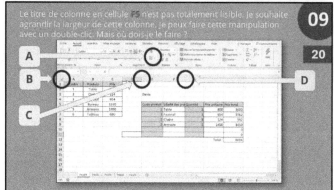

➢ **Réponse D**

Les largeurs des colonnes peuvent être changées manuellement à partir du trait de séparation des noms de colonnes (A, B, C, D, etc...).

Soit avec un glissé vers la droite, soit avec un double-clic.

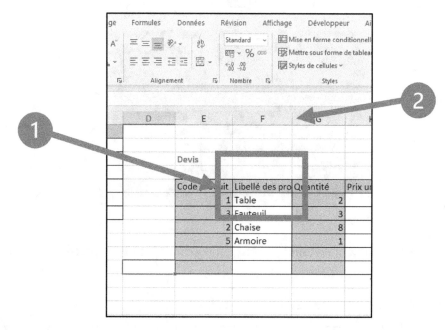

Dans l'exemple proposé, on peut remarquer que le texte « Libellé des produits » dans la colonne F n'est pas complet ❶. Il faut donc agrandir la largeur de la colonne F pour le faire apparaître en intégralité.

Il faut pour cela utiliser le trait qui sépare les colonnes F et G ❷, car on agit toujours sur l'élément de gauche (la colonne F est à gauche du trait de séparation).

Je viens de saisir la valeur 4 en cellule E10 que je souhaite valider en gardant la cellule active sur cette cellule. Où dois-je cliquer ?

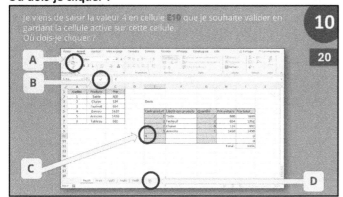

> **Réponse B**

Il y a 2 bonnes façons de valider le contenu d'une cellule.

La première est d'utiliser après la saisie, la touche Entrée.

Celle-ci va valider et se positionner en cellule inférieure pour continuer la saisie d'un autre contenu. Cela est très pratique lors de la saisie de données en colonnes.

Par contre lors de la saisie d'une formule de calcul, l'utilise souhaite plutôt resté sur la cellule active pour pouvoir la recopier ou la corriger.

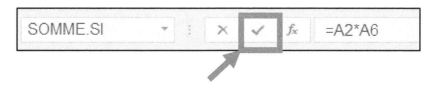

La coche qui est disponible sur la barre de formule est dans ce cas la solution pour valider la saisie dans la cellule active et de rester positionner sur celle-ci.

Voici quelques raisons pour lesquelles il peut être préférable d'utiliser la coche de validation :

Facilité d'utilisation : La coche de validation est facile à comprendre et à utiliser pour les utilisateurs. Elle offre une interface conviviale et intuitive pour valider une saisie dans une cellule.

Clarté visuelle : La coche fournit une confirmation visuelle claire que la saisie dans la cellule est valide. Les utilisateurs peuvent facilement voir que leur entrée a été acceptée sans avoir à lire un message de validation ou à rechercher des indicateurs supplémentaires.

Gain de temps : L'utilisation de la coche pour valider une saisie peut aider à accélérer le processus de validation, car elle permet aux utilisateurs de valider rapidement leur entrée d'un simple clic plutôt que de devoir naviguer à travers des boîtes de dialogue ou des messages de validation.

Flexibilité : La coche de validation peut être utilisée dans une variété de contextes et pour une gamme de types de données différentes. Que ce soit pour confirmer une réponse Oui/Non, une sélection d'options, ou toute autre condition de validation, la coche peut être adaptée à différentes situations.

Compatibilité avec les applications mobiles : L'utilisation de la coche de validation peut être particulièrement pratique pour les applications Excel utilisées sur des appareils mobiles. Les utilisateurs peuvent facilement appuyer sur la coche avec leur doigt pour valider leur saisie, ce qui est plus rapide et plus pratique que de saisir du texte dans une boîte de dialogue.

SÉRIE 7 – NIVEAU 4

Lien : **https://url-r.fr/IkBpI**

Question_01

Je souhaite trier le premier tableau selon 2 critères : les résultats et les notes.
Quelle est la commande qui me permet de réaliser cela ?

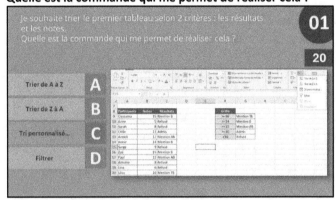

➢ **Réponse C**

Le ruban **ACCUEIL** propose 3 commandes pour les tris :

Les deux premières commandes « **Trier de A à Z** » pour obtenir un tri selon un ordre croissant, et « **Trier de Z à A** » pour obtenir un tri selon un ordre décroissant, utilisent qu'un seul critère.

Tandis que le « **Tri personnalisé…** » permet de compléter plusieurs critères (en ajoutant des niveaux) pour constituer le tri souhaité.

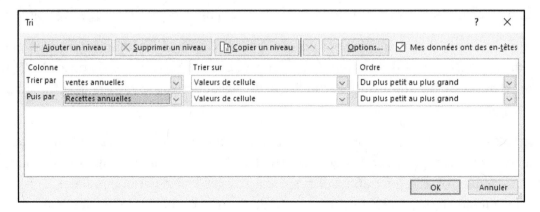

Je souhaite mettre en évidence la répartition des Chiffres d'Affaires (CA) par vendeurs.
Quelle est la meilleure représentation graphique pour cela ?

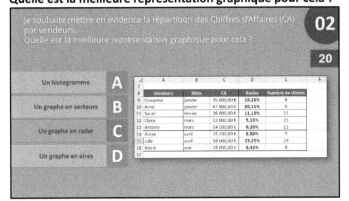

> **Réponse B**

Le choix du graphique dépendra de la nature des données, de ce que vous souhaitez mettre en évidence et de la manière dont vous voulez que votre public interprète les informations.

En réalité les 4 propositions de graphiques sont possibles mais pour des répartitions (parts) sous forme de pourcentages, le graphe en secteurs est le plus représentatif.

Le graphe en secteurs se nomme communément « **camembert** » et plus traditionnellement « **diagramme circulaire** » est idéal pour visualiser les parts de marché ou les proportions relatives des différentes catégories de chiffre d'affaires. Chaque catégorie est représentée par un segment du cercle, et la taille de chaque segment est proportionnelle à sa part du chiffre d'affaires total.

Les autres types de graphiques proposés :

- Un **histogramme** est utile lorsque vous souhaitez visualiser la distribution des valeurs de chiffre d'affaires dans différentes catégories ou plages de montants. Les barres de l'histogramme représentent le nombre de catégories ou la fréquence des montants de chiffre d'affaires dans chaque plage.
- Un **graphe en radar**, également appelé graphique en toile d'araignée ou graphique en étoile, est un type de graphique utilisé pour afficher les données multivariées sous forme de série de lignes connectées qui rayonnent à partir d'un point central. Chaque ligne représente une variable ou une catégorie de données, et la distance de chaque ligne par rapport au centre du graphe indique la valeur de cette variable pour un élément spécifique.
- Un **graphe en aires**, est un type de graphique utilisé pour afficher les tendances au fil du temps ou les distributions de données cumulatives. Dans un graphe en aires, les données sont représentées par des zones colorées sous la courbe, ce qui crée un effet d'empilement et permet de visualiser la contribution de chaque catégorie à l'ensemble des données.

Quelle écriture pour la formule à poser en cellule F1 est juste ?

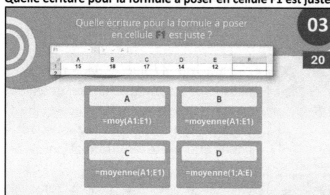

> **Réponse B**

Cette question propose 4 variantes pour une fonction MOYENNE().

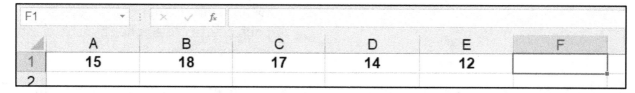

Si on ne connait pas encore très bien la syntaxe des fonctions à poser, le plus simple est d'utiliser le signe **Σ** sur le ruban **ACCUEIL** qui propose également de poser pour nous la fonction moyenne() avec la bonne syntaxe.

Toutefois, il deviendra très vite nécessaire de connaître ces écritures et de les réaliser correctement.

La réponse **=moyenne(A1 :E1)** est correcte pour les raisons suivantes :

1. La fonction est précédée d'un signe =
2. Le nom de la fonction est complet et écrit en français (moyenne)
3. La fonction comporte les 2 parenthèses contenant des arguments éventuellement séparés par des points-virgules.
4. Une zone de cellules désigne la cellule de départ (A1) et la cellule d'arrivée (E1) séparées par le signe double-points.

La réponse C aurait pu être juste si on avait souhaité calculer la moyenne des valeurs A1 et E1 uniquement. Les deux autres propositions sont fantaisistes.

Après la recopie de la formule située en cellule D9, j'obtiens un message d'erreur en cellule D11.
Comment faut-il transformer la formule en D9 avant la recopie afin d'éviter le message d'erreur ?

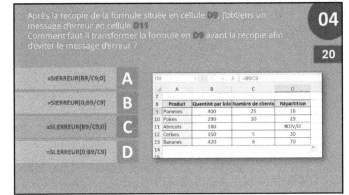

➢ **Réponse A**

Pour diverses raisons, on peut obtenir des messages d'erreurs dans les cellules calculées.

Afin d'anticiper certaines de ces erreurs, il est possible d'utiliser la fonction SIERREUR ().

La fonction SIERREUR() est une fonction Excel qui permet de gérer les erreurs dans une formule en renvoyant une valeur spécifiée si une erreur se produit, ou en renvoyant simplement le résultat de la formule si aucune erreur n'est détectée. La syntaxe de la fonction est la suivante :

=SIERREUR(valeur; valeur_si_erreur)

valeur : C'est la valeur ou l'expression que vous souhaitez évaluer.

valeur_si_erreur : C'est la valeur que vous voulez que la fonction renvoie si une erreur se produit.

Si la fonction ou l'expression spécifiée dans la valeur génère une erreur, la fonction SIERREUR renvoie la valeur spécifiée dans valeur_si_erreur. Si aucune erreur ne se produit, la fonction renvoie simplement le résultat de la valeur.

Dans notre exemple proposé, la valeur sera le calcul de la division B9/C9 et la valeur_si_erreur sera le message 0.

Ainsi après la recopie de la cellule D9 vers les cellules inférieures, le résultat de la cellule D9 sera 0 et non le message d'erreur #DIV/O !

Une vidéo publiée sur la chaîne @azuratec présente les messages d'erreurs le plus courants et l'utilisation de la fonction SIERREUR() pour anticiper certaines de ces erreurs.

Le lien : https://youtu.be/9VQFpXFf32A

59

Je souhaite obtenir le nombre exact de caractères contenus dans les noms de chacune des personnes.
Quelle fonction dois-je utiliser pour cela ?

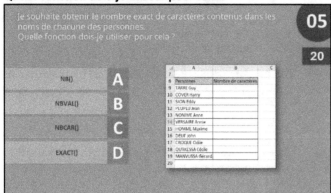

> **Réponse C**

La fonction NB.CAR() est une fonction Excel qui permet de compter le nombre de caractères dans une chaîne de texte. Elle est principalement utilisée pour déterminer la longueur d'une chaîne de texte, c'est-à-dire le nombre total de caractères qu'elle contient, y compris les lettres, les chiffres, les espaces et les symboles.

La syntaxe de la fonction NB.CAR() est la suivante :

=NB.CAR(texte)

texte : Il s'agit de la chaîne de texte dont vous souhaitez compter le nombre de caractères.

Une vidéo publiée sur la chaîne @azuratec présente la fonction NBCAR().

Le lien : https://youtu.be/syWG2iAMqss

Le libellé de la question peut aiguiller en erreur car le mot **exact** est utilisé et peut donc influencer le choix vers la fonction EXACT() qui ne compte pas le nombre de caractères mais sert à comparer l'exactitude de 2 informations.

Une vidéo publiée sur la chaîne @azuratec présente la fonction EXACT().

Le lien : https://youtu.be/D-7DtcUKdDM

Les fonctions NB() et NBVAL() servent plutôt à compter le nombre de contenus dans une zone de cellules désignée en argument.

Une vidéo publiée sur la chaîne @azuratec présente ces deux fonctions.

Le lien : https://youtu.be/DbVz0RxYKg0

Parmi ces propositions, quel est l'enchaînement des raccourcis-clavier à utiliser pour copier/coller ?

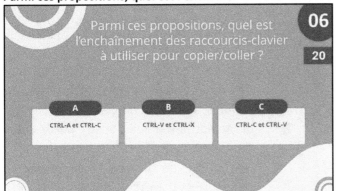

➢ **Réponse C**

L'enchaînement copier/coller est une opération de base dans Excel qui permet de copier le contenu d'une cellule, d'une plage de cellules ou d'une feuille de calcul, puis de le coller à un autre endroit. Cela permet de dupliquer rapidement des données, des formules, des mises en forme ou d'autres éléments dans votre feuille de calcul.

Voici comment effectuer l'enchaînement copier/coller dans Excel :

- **Copier le contenu :**

Sélectionnez la cellule, la plage de cellules ou la feuille de calcul que vous souhaitez copier.

Cliquez sur le bouton "Copier" dans le ruban Excel (ou utilisez le raccourci clavier **Ctrl + C**).

Le contenu sélectionné est maintenant copié dans le presse-papiers d'Excel.

- **Coller le contenu :**

Placez le curseur à l'endroit où vous souhaitez coller le contenu copié.

Cliquez sur le bouton "Coller" dans le ruban Excel (ou utilisez le raccourci clavier **Ctrl + V**).

Le contenu copié est maintenant collé à l'emplacement sélectionné.

Je souhaite imprimer uniquement les données des colonnes A à D de ce tableau.
Quelle commande de ce ruban dois-je utiliser avant d'imprimer ?

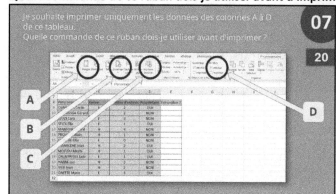

> **Réponse B**

La zone d'impression dans Excel permet de définir une plage spécifique de cellules à imprimer. Cela vous permet de sélectionner les parties pertinentes de votre feuille de calcul à imprimer, ce qui peut être utile pour économiser du papier et pour formater votre impression de manière plus précise.

Voici comment utiliser la zone d'impression dans Excel :

- **Sélectionner la plage à imprimer :**

Sélectionnez la plage de cellules que vous souhaitez imprimer en cliquant et en faisant glisser avec votre souris, ou en maintenant enfoncée la touche Shift tout en utilisant les touches de direction pour sélectionner les cellules.

- **Accéder à l'onglet "Mise en page" :**

Cliquez sur l'onglet "Mise en page" dans le ruban Excel.

- **Définir la zone d'impression :**

Dans le groupe "Mise en page", cliquez sur l'option "Zone d'impression".

Sélectionnez l'option "Définir la zone d'impression".

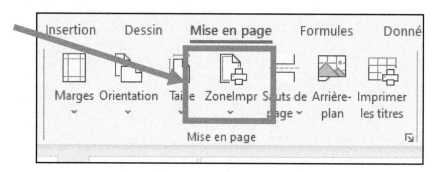

Je souhaite ajouter la colonne 'jeudi' avec ses données de ventes en l'insérant entre les colonnes D et E. Quelle affirmation est fausse ?

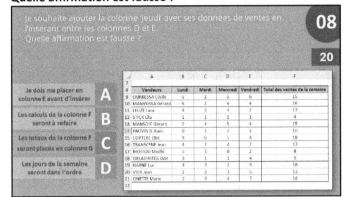

> **Réponse B**

Ceci est un exemple d'un système de question classique proposée lors des examens ou des certifications.

Il s'agit de trouver la réponse fausse ou l'intrus parmi des propositions.

Dans l'exemple proposé les propositions A, C et D sont justes car lors d'une insertion d'une nouvelle colonne entre les colonnes D et E, il faut bien se positionner sur la colonne E (l'insertion se faisant sur la gauche de l'élément sélectionné).

Ensuite le contenu de la colonne F sera déplacé en colonne G et les calculs seront reformulés dans cette nouvelle colonne sans aucun souci (uniquement si on a bien utilisé les références relatives et absolues).

Enfin la nouvelle colonne E pourra contenir le texte « jeudi » qui est bien entre « mercredi » et « vendredi ».

En faisant par élimination, il reste la proposition B et effectivement les calculs ne seront pas à refaire.

Pour trouver un intrus dans un ensemble de propositions où toutes sauf une sont vraies, vous pouvez utiliser plusieurs stratégies :

Analyser les différences : Examinez chaque proposition individuellement et cherchez des différences ou des anomalies par rapport aux autres propositions. Recherchez des mots-clés, des chiffres, des faits ou des détails qui se distinguent des autres.

Élimination par la logique : Analysez chaque proposition à la lumière de la logique et du bon sens. Si toutes les propositions sauf une sont vraies, cherchez celle qui contredit les faits établis ou qui semble incohérente par rapport au contexte général.

Recherche de l'exception : Identifiez la proposition qui semble être l'exception ou qui va à l'encontre des tendances générales ou des règles établies. Cela pourrait être quelque chose de différent dans sa structure, son contenu ou son contexte.

En insérant une somme automatique en cellule B7.
Quelle valeur vais-je obtenir en réponse après validation ?

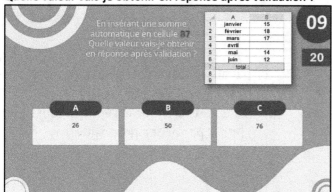

➢ **Réponse A**

La fonction Somme automatique dans Excel est un outil pratique qui permet de rapidement calculer la somme des valeurs dans une plage de cellules sélectionnée. Au lieu de saisir manuellement une formule de somme, vous pouvez utiliser cette fonction pour effectuer le calcul en quelques clics.

Voici comment utiliser la Somme automatique dans Excel :

1. Sélectionner la cellule où vous souhaitez afficher le résultat de la somme : Placez le curseur de la souris dans la cellule où vous souhaitez que le résultat de la somme apparaisse.
2. Accéder à la fonction Somme automatique :
   - Dans le ruban Excel, allez dans l'onglet "Accueil".
   - Dans le groupe "Édition", repérez l'icône "Somme automatique (∑)".
3. Cliquer sur l'icône Somme automatique : Cliquez sur l'icône "Somme automatique (∑)" dans le groupe "Édition". Excel va automatiquement détecter les données adjacentes à votre sélection et suggérer une plage à additionner.
4. Vérifier et valider la sélection : Excel va entourer la plage de cellules qu'il a sélectionnée pour le calcul de la somme avec une bordure clignotante. Si la plage sélectionnée est correcte, appuyez simplement sur "Entrée" pour valider et afficher le résultat de la somme dans la cellule sélectionnée.
5. Personnaliser la plage de cellules (optionnel) : Si la plage sélectionnée automatiquement n'est pas la bonne, vous pouvez cliquer et faire glisser pour sélectionner la plage correcte, puis appuyer sur "Entrée" pour valider.

C'est justement ce dernier point qui est très important et qui laisse souvent l'utilisateur peu avisé commettre des erreurs dans ses formules.

	A	B
1	janvier	15
2	février	18
3	mars	17
4	avril	
5	mai	14
6	juin	12
7	total :	
8		
9		

La cellule **B4** est vide donc la somme automatique effectuée en cellule **B7** sélectionne uniquement la zone de cellules **B5 :B6** car Excel effectue le calcul en remontant les cellules situées au-dessus de la cellule **B7** et il considère qu'il y a une interruption en **B4** dans la sélection des cellules.

D'où le résultat obtenu qui est la valeur 26.

Le titre de la cellule F8 n'est pas visible complétement, mais je ne souhaite pas augmenter la largeur de la colonne qui serait trop importante. Où dois-je cliquer pour remédier à cela ?

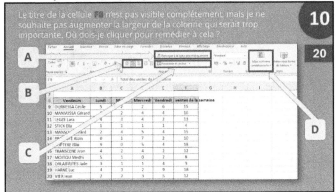

➢ **Réponse A**

Nous avons pu voir à la question numéro 9 de la série 6, la manipulation à effectuer pour changer la largeur d'une colonne dans laquelle un texte n'est pas complétement visible.

Mais parfois il n'est pas envisageable de modifier la largeur de la colonne.

La seule solution restante est d'agrandir la hauteur de la ligne avec un renvoi du texte à la ligne.

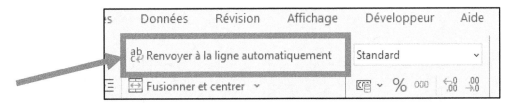

La commande "**Renvoyer à la ligne automatiquement**" dans Excel est une fonctionnalité qui permet à une cellule de texte de passer automatiquement à la ligne suivante lorsque le texte atteint la fin de la largeur de la cellule. Cela permet d'afficher tout le contenu d'une cellule de texte sans tronquer le texte ou d'avoir besoin d'ajuster manuellement la largeur de la colonne.

Une fois cette option activée, si vous entrez du texte dans la cellule sélectionnée et que le texte atteint la fin de la largeur de la cellule, il passera automatiquement à la ligne suivante pour afficher tout le contenu du texte. Vous pouvez également ajuster la hauteur de la ligne pour afficher le texte complet en sélectionnant la ligne et en faisant glisser le bord inférieur de la ligne vers le bas.

SÉRIE 8 – NIVEAU 4

Lien : **https://url-r.fr/ygbDl**

Question_01

Quelle est la fonction utilisée dans la cellule B21 ?

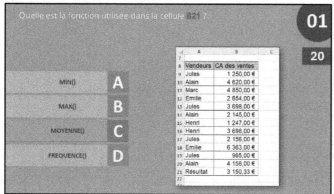

➤ **Réponse C**

Pour répondre rapidement à cette question, il convient de raisonner par élimination.

	A	B
7		
8	Vendeurs	CA des ventes
9	Jules	1 250,00 €
10	Alain	4 620,00 €
11	Marc	4 850,00 €
12	Emilie	2 654,00 €
13	Jules	3 698,00 €
14	Alain	2 145,00 €
15	Henri	1 247,00 €
16	Henri	3 698,00 €
17	Jules	2 156,00 €
18	Emilie	6 363,00 €
19	Jules	965,00 €
20	Alain	4 158,00 €
21	Résultat	3 150,33 €
22		

Pour commencer, la fonction MIN() dans Excel est une fonction qui permet de trouver la valeur minimale dans une plage de cellules ou dans une liste d'arguments. Mais on peut voir que la valeur la plus faible dans l'ensemble de cellules **B9** à **B20** est 965.

La fonction MAX() trouve la valeur maximale dans une plage de cellules ou dans une liste d'arguments. Mais on peut voir que la valeur la plus haute est 6363.

La fonction MOYENNE() semble plausible, car si j'additionne la valeur la plus faible (365) et la valeur la plus haute (6363) et que je divise par 2 j'obtiens 3664, ce qui est assez proche du résultat affiché en cellule **B21**.

La fonction FREQUENCE() est utilisée pour analyser la distribution des valeurs dans un ensemble de données. Elle permet de compter le nombre de valeurs comprises dans différents intervalles et de regrouper ces informations dans un histogramme de fréquences. Elle affiche plusieurs résultats.

Quelle est la formule qui permet d'obtenir la valeur 93 en cellule B8 ?

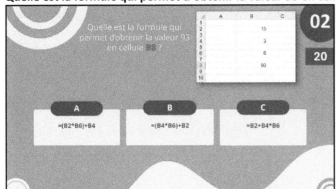

➢ **Réponse A**

La combinaison des 3 valeurs en cellules B2, B4 et B6 doit donner le résultat 93 qui est en cellule B8.

	A	B	C
1			
2		15	
3			
4		3	
5			
6		6	
7			
8		93	
9			
10			

La formule A :

$$=(B2*B6)+B4$$

Cela donne =(15 * 6) + 3 = 90 + 3 = 93

C'est la bonne formule.

La formule B :

$$=(B4*B6)+B2$$

Cela donne =(3 * 6) + 15 = 18 + 15 = 33

Cette formule ne donne pas le résultat 93.

La formule C :

$$=B2+B4*B6$$

Cela donne =15 + 3 * 6 = 15 + (3 * 6) = 15 + 18 = 33

Cette formule ne donne pas le résultat 93.

Quel résultat vais-je obtenir en cellule D1 après validation ?

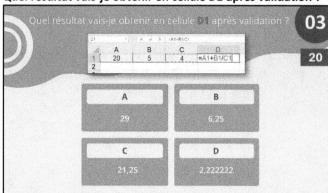

> **Réponse C**

Tout comme la multiplication, la division est prioritaire par rapport à l'addition.

=A1+B1/C1 donne =A1 + (B1 / C1)
Soit = 20 + (5/4) = 20 + 1,25 = 21,25

Où se situe la barre d'état ?

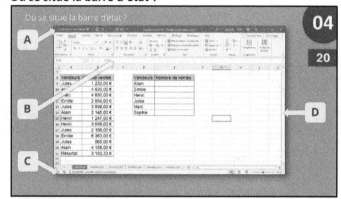

> **Réponse C**

La barre d'état dans Excel est une barre horizontale située en bas de la fenêtre Excel, juste au-dessus de la barre de défilement. Elle affiche diverses informations utiles sur votre feuille de calcul et sur les opérations que vous effectuez.

Numéro de ligne et de colonne : La barre d'état affiche le numéro de la ligne et de la colonne de la cellule sélectionnée. Cela vous permet de savoir exactement où vous vous trouvez dans votre feuille de calcul.

Mode d'insertion : Si vous appuyez sur la touche "Insertion" de votre clavier pour activer ou désactiver le mode d'insertion, un symbole d'insertion (INS) apparaîtra sur la barre d'état pour indiquer si le mode d'insertion est activé ou non.

Somme, moyenne, comptage, etc. : Lorsque vous sélectionnez une plage de cellules contenant des valeurs numériques, la barre d'état affiche automatiquement la somme, la moyenne, le comptage, le minimum et le maximum de ces valeurs. Cela vous permet d'obtenir rapidement des informations statistiques sur les données sélectionnées.

Zoom : Si vous zoomez sur votre feuille de calcul, la barre d'état affiche le pourcentage de zoom actuel. Vous pouvez cliquer sur cette zone pour ouvrir une boîte de dialogue qui vous permet de modifier le niveau de zoom.

Indicateur de progression : Lorsque vous effectuez des opérations telles que le recalcul des formules, le tri ou le filtrage des données, un indicateur de progression peut apparaître sur la barre d'état pour indiquer l'avancement de l'opération.

Messages d'état : La barre d'état peut afficher des messages temporaires pour indiquer des informations sur les opérations que vous effectuez, comme la modification de la sélection ou l'activation d'une fonctionnalité spécifique.

Question_05

La barre d'état indique qu'il existe une référence circulaire sur la cellule E2.
Quelle est la meilleure action à effectuer pour résoudre cela ?

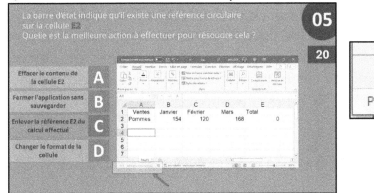

➢ **Réponse C**

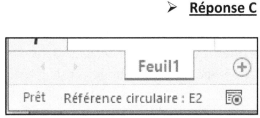

Une référence circulaire dans Excel se produit lorsqu'une formule fait référence à elle-même de manière directe ou indirecte. En d'autres termes, une cellule utilise son propre résultat dans le calcul de sa propre valeur, créant ainsi une boucle ou une dépendance circulaire. Par exemple, si la cellule A1 contient une formule qui fait référence à elle-même comme =A1+1, une référence circulaire se produira.

Les références circulaires peuvent être accidentelles ou intentionnelles, mais elles sont généralement <u>considérées comme une erreur</u> car elles peuvent entraîner des résultats imprévisibles dans vos calculs et causer des problèmes de performance dans votre feuille de calcul.

Comment le résoudre :

Pour résoudre la référence circulaire, vous devez modifier la formule de manière à ce qu'elle ne fasse plus référence directe ou indirecte à la cellule actuelle. Vous pouvez remplacer la référence à la cellule actuelle par une autre cellule ou une autre formule qui n'entraîne pas de dépendance circulaire.

Quel outil ai-je utilisé pour obtenir rapidement la même présentation sur les deux tableaux ?

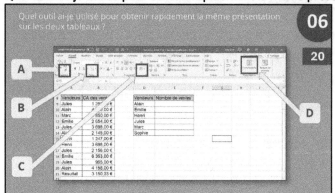

➢ **Réponse A**

Ce bouton actionne la commande « **Reproduire la mise en forme** »

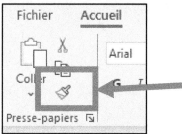

Le bouton "**Reproduire la mise en forme**" dans Excel est un outil puissant qui permet de copier rapidement la mise en forme d'une cellule ou d'une plage de cellules et de l'appliquer à d'autres cellules ou plages de cellules dans votre feuille de calcul. Cela vous permet d'uniformiser l'apparence de vos données et de gagner du temps lors de la mise en forme de votre feuille de calcul.

Voici comment utiliser le bouton "Reproduire la mise en forme" dans Excel :

1. Sélectionnez la cellule ou la plage de cellules source : Commencez par sélectionner la cellule ou la plage de cellules dont vous souhaitez copier la mise en forme.
2. Cliquez sur le bouton "**Reproduire la mise en forme**" : Une fois la cellule source sélectionnée, recherchez le bouton "**Reproduire la mise en forme**" dans le ruban Excel. Il s'agit d'un petit pinceau qui se trouve généralement dans le coin inférieur droit de la cellule sélectionnée. Cliquez sur ce bouton.
3. Sélectionnez la cellule ou la plage de cellules de destination : Après avoir cliqué sur le bouton "Reproduire la mise en forme", votre curseur se transformera en pinceau. Sélectionnez ensuite la cellule ou la plage de cellules où vous souhaitez appliquer la mise en forme copiée.
4. Relâchez le bouton de la souris : Une fois la plage de cellules de destination sélectionnée, relâchez le bouton de la souris. La mise en forme de la cellule source sera alors reproduite et appliquée à la plage de cellules de destination.

Il est également possible de « bloquer » cette commande pour l'utiliser plusieurs fois à la suite sur diverses zones en effectuant au préalable un double-clic sur le bouton « **Reproduire la mise en forme** ».

Quelle est la meilleure commande pour insérer une fonction que je ne connais pas en cellule E9 pour calculer le nombre de ventes ?

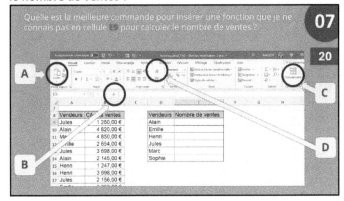

➤ **Réponse B**

Le bouton de commande fx sur la barre de formule dans Excel est un outil qui permet d'insérer rapidement une fonction dans une cellule ou dans la barre de formule. Il facilite l'utilisation des fonctions Excel en offrant un moyen simple de rechercher et d'insérer une fonction sans avoir à les connaître par cœur.

Voici comment utiliser le bouton de commande fx :

1. Sélectionnez la cellule où vous souhaitez insérer une fonction : Placez le curseur dans la cellule où vous voulez utiliser une fonction Excel, ou cliquez dans la barre de formule pour éditer une formule existante.

2. Cliquez sur le bouton de commande fx : Une fois que vous êtes dans la cellule ou dans la barre de formule, cliquez sur le bouton de commande fx situé à gauche de la barre de formule. Cela ouvrira la boîte de dialogue "Insérer une fonction".

3. Recherchez une fonction : Dans la boîte de dialogue "Insérer une fonction", vous pouvez rechercher une fonction spécifique en saisissant son nom dans la zone de recherche, ou vous pouvez parcourir les différentes catégories de fonctions disponibles.

4. Sélectionnez une fonction : Une fois que vous avez trouvé la fonction que vous voulez utiliser, sélectionnez-la dans la liste des résultats de la recherche ou dans la liste des fonctions disponibles dans la catégorie choisie.

5. Cliquez sur OK : Après avoir sélectionné la fonction souhaitée, cliquez sur le bouton "OK". Cela insérera la fonction dans la cellule ou dans la barre de formule, prête à être utilisée.

Quelle méthode rapide permet de sélectionner la plage de cellules allant de F1 jusqu'à I6 ?

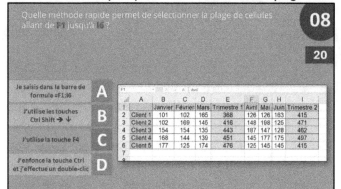

> **Réponse B**

Il est possible de sélectionner la zone de cellules de F1 à I6 en l'effectuant avec la souris.

Mais la combinaison des 4 touches

Ctrl Shift ➔ ↓

permet d'obtenir le même résultat.

Premier cas de figure :

- Ouvrir le classeur Excel « révise_excel » accompagnant ce livre.
- Activer la feuille « **Exemple_3** ».
- Se positionner en cellule **A1**.
- Effectuer la combinaison de touches **Ctrl Shift ➔ ↓**

La zone de cellules **A1 ;C13** est sélectionnée.

Deuxième cas de figure :

- Ouvrir le classeur Excel « révise_excel » accompagnant ce livre.
- Activer la feuille « **Exemple_3** ».
- Se positionner en cellule **E1**.
- Effectuer la combinaison de touches **Ctrl Shift ➔➔ ↓↓**

La zone de cellules **E1 ;G7** est sélectionnée.

Le fait que le contenu de la cellule **E1** soit vide ne donne pas la même interprétation dans la sélection pour Excel. Il faut donc doubler les flèches de direction pour obtenir une sélection complète.

En étant positionné dans une cellule du tableau, quelle touche permet de transformer rapidement mon tableau en un histogramme sur une nouvelle feuille de calcul ?

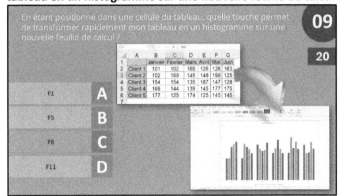

➤ **Réponse D**

La touche F11 dans Excel est associée à une fonctionnalité appelée "**Créer un graphique rapide**". Lorsque vous appuyez sur la touche F11, Excel génère automatiquement un graphique basé sur les données de la feuille de calcul active et l'insère dans une nouvelle feuille de calcul.

- Ouvrir le classeur Excel « révise_excel » accompagnant ce livre.
- Activer la feuille « **Exemple_3** ».
- Se positionner en cellule E1.
- Appuyer sur la touche F11 du clavier (ou Fn et F11 sur un ordinateur portable).

Excel générera automatiquement un graphique basé sur les données du tableau dont fait partie la cellule E1,et l'insérera dans une nouvelle feuille.

Cette feuille graphique nommée « Graphique1 »est créée et ajoutée au classeur comme ci-dessous :

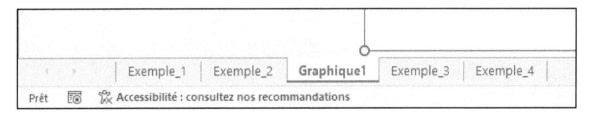

Une fois que le graphique est créé, vous pouvez le personnaliser en modifiant le type de graphique, les titres, les axes, les étiquettes, les couleurs, etc. Vous pouvez également déplacer le graphique vers une autre feuille de calcul ou le copier dans un document externe.

C'est un moyen pratique d'explorer visuellement vos données et de générer des graphiques de base pour l'analyse et la présentation.

La cellule B4 affiche une date à la place de la valeur numérique 122.
Quelle est la commande à utiliser pour corriger cela ?

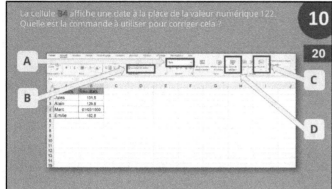

> **Réponse A**

La cellule B4 contient en réalité un format date qui transforme la valeur numérique 122 en 01/05/1900

En se positionnant sur la cellule B4, on peut observer le format associé dans le groupe « Nombre » du ruban ACCUEIL.

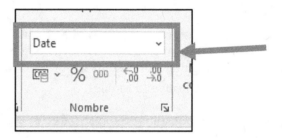

En utilisant la liste déroulante, il est possible de choisir un nouveau format à associer à la cellule. Il convient dans cet exemple, de choisir le format « Standard » qui est le format par défaut des cellules. La valeur 122 va donc apparaître correctement dans la cellule B4.

Ce type d'erreur d'affichage apparaît très souvent et surtout chez les utilisateurs débutants car il faut penser que chaque cellule ne contient pas seulement des données mais qu'elles sont aussi associées chacune à des formats (date, pourcentage, monétaire, couleurs, etc...).

SÉRIE 9 – NIVEAU 4

Lien : **https://url-r.fr/PQzXR**

Question_01

Après avoir saisi et validé la valeur 250000 dans la cellule E3, Je clique sur la commande 000
Que va-t-il se passer ?

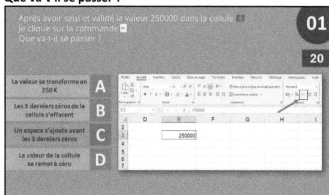

> **Réponse C**

La commande "**Séparateur de milliers**" dans Excel est une fonctionnalité de formatage qui ajoute automatiquement des espaces pour séparer les milliers dans les nombres. Cette fonctionnalité améliore la lisibilité des nombres en les rendant plus faciles à lire, surtout lorsque les nombres sont grands.

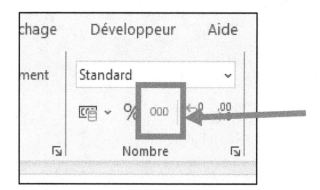

Une fois que vous avez sélectionné cette option, les nombres dans la plage de cellules sélectionnée seront immédiatement formatés avec des espaces pour séparer les milliers. Par exemple, le nombre "10000" sera affiché comme "10 000".

L'utilité de la commande "**Séparateur de milliers**" réside dans sa capacité à améliorer la lisibilité des nombres en les rendant plus faciles à comprendre, surtout lorsque vous travaillez avec des données financières, statistiques ou tout autre type de données numériques comportant des valeurs importantes. Cela facilite également la comparaison des nombres et l'analyse des données.

Comment saisir une heure dans une cellule ?
Par exemple : 10 heures et 34 minutes

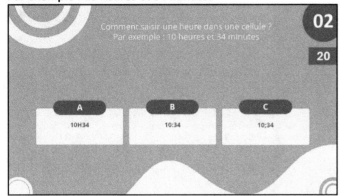

> **Réponse B**

Pour saisir une heure dans une cellule Excel, vous pouvez utiliser le format d'heure intégré à Excel ou vous pouvez saisir l'heure en utilisant une syntaxe spécifique.

- Sélectionnez la cellule où vous souhaitez saisir l'heure.
- Tapez "10:34" dans la cellule et appuyez sur "Entrée".
- Excel reconnaîtra automatiquement "10:34" comme une heure au format "hh:mm" (heures:minutes) et affichera l'heure dans la cellule.

Excel interprétera l'entrée comme une heure et la traitera en conséquence. Vous pouvez ensuite utiliser des formules ou des fonctions pour manipuler cette heure, calculer des durées, des écarts de temps, etc.

Assurez-vous également que la cellule est formatée comme une heure si vous ne souhaitez pas qu'elle soit traitée comme du texte. Pour ce faire, vous pouvez sélectionner la cellule, accéder à l'onglet ACCUEIL dans le ruban Excel, puis choisir le format de nombre approprié dans le groupe "Nombre". Pour les heures, vous pouvez sélectionner un format tel que "hh:mm" ou "hh:mm AM/PM".

Les propositions A et C seront considérées comme du texte et les données resteront positionnées à gauche dans les cellules.

Quelle formule dois-je écrire en cellule F10, pour obtenir le libellé du produit en utilisant le code déjà saisi en cellule E10 ?

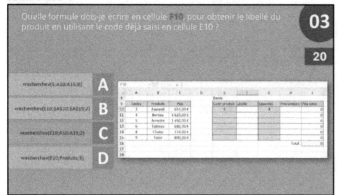

> **Réponse B**

Dans cette question il faut repérer les contenus des deux cellules citées .

E10 contient une valeur à rechercher.

F10 contiendra une formule à choisir parmi les 4 propositions.

La fonction RECHERCHEV() est l'une des fonctions de recherche et de référence les plus utilisées dans Excel. Elle permet de rechercher une valeur spécifiée dans la première colonne d'une table, puis de renvoyer une valeur dans la même ligne à partir d'une colonne spécifiée. Cette fonction est particulièrement utile pour rechercher des valeurs dans de grandes tables de données.

RECHERCHEV(valeur_cherchée, plage_table, numéro_colonne, [valeur_proche], [correspondance])

- **valeur_cherchée :** C'est la valeur que vous recherchez dans la première colonne de la table.
- **plage_table :** C'est la plage de cellules qui contient la table dans laquelle vous recherchez la valeur.
- **numéro_colonne :** C'est le numéro de la colonne dans laquelle vous souhaitez trouver la valeur à retourner. Le numéro de colonne commence par 1 pour la première colonne de la table de recherche.
- **valeur_proche (optionnel) :** Cette valeur indique si vous souhaitez que la fonction recherche une correspondance exacte ou la valeur la plus proche si aucune correspondance exacte n'est trouvée. Si vous omettez cet argument, Excel l'interprétera comme TRUE ou VRAI, ce qui signifie qu'il cherchera la valeur la plus proche.
- **correspondance (optionnel) :** Cette valeur indique si vous souhaitez effectuer une recherche approximative ou une recherche exacte. Si vous omettez cet argument, Excel l'interprétera comme TRUE ou VRAI, ce qui signifie qu'il effectuera une recherche approximative.

Quelle formule dois-je écrire en cellule D10, afin de pouvoir m'indiquer si la quantité en stock est inférieure ou égale au seuil de réapprovisionnement ?

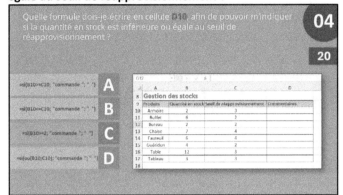

➢ **Réponse B**

La fonction SI() est l'une des fonctions les plus fondamentales et les plus utilisées dans Excel. Elle permet de réaliser des tests logiques et de renvoyer différentes valeurs en fonction du résultat de ces tests.

Voici la syntaxe de la fonction SI() :

SI(test_logique, valeur_si_vrai, valeur_si_faux)

- **test_logique :** C'est une condition que vous souhaitez évaluer. Si cette condition est vraie, la fonction SI() renverra la valeur spécifiée pour valeur_si_vrai ; sinon, elle renverra la valeur spécifiée pour valeur_si_faux.
- **valeur_si_vrai :** C'est la valeur que vous souhaitez renvoyer si le test_logique est vrai.
- **valeur_si_faux :** C'est la valeur que vous souhaitez renvoyer si le test_logique est faux.

Dans notre exemple, il faut indiquer si la quantité en stock (valeur en cellule B10) est inférieure ou égale au seuil de réapprovisionnement (valeur en cellule C10).

Le test logique sera donc **B10 <= C10**

La réponse à ce test sera soit VRAI, soit FAUX.

Dans le cas où cela est VRAI, alors il faut afficher le texte « commande ». Une chaîne de caractères est toujours entre guillemets.

Dans le cas où cela est FAUX, alors il ne faut rien afficher. Le double caractère guillemets est compris par Excel et signifie de ne rien afficher dans la cellule.

Il faut penser surtout que la formule saisie en cellule D10 sera recopiée jusqu'en cellule D17, donc qu'il y aura sans doute des réponses VRAI ou FAUX pour chacun des tests logiques.

Quelle est la fonction qui me permet de trouver la position du séparateur (espace) en cellule B9 ?

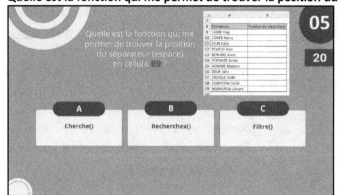

➤ **Réponse A**

La cellule **A9** contient la chaîne de texte « TARRE Guy » soit 9 caractères.

Le séparateur est l'espace qui sépare le nom du prénom et il est situé en 6ème position.

Il faut donc mettre en place une fonction qui va renvoyer le numéro de la position, soit 6 dans la cellule **B9**.

	A	B
7		
8	Personnes	Position du séparateur
9	TARRE Guy	

La fonction CHERCHE() est une fonction de recherche de texte dans Excel. Elle permet de trouver <u>la position</u> d'une chaîne de texte spécifiée à l'intérieur d'une autre chaîne de texte.

<u>Voici la syntaxe de la fonction CHERCHE() :</u>

CHERCHE(texte_cherché, texte, [position_départ])

- **texte_cherché :** C'est la chaîne de texte que vous souhaitez rechercher à l'intérieur d'une autre chaîne de texte.
- **texte :** C'est la chaîne de texte dans laquelle vous souhaitez effectuer la recherche.
- **position_départ (optionnel) :** C'est la position dans la chaîne de texte à partir de laquelle vous souhaitez commencer la recherche. Si vous omettez cet argument, la recherche commencera au début de la chaîne de texte.

La fonction CHERCHE() renvoie la position du premier caractère de la première occurrence de la chaîne de texte recherchée dans la chaîne de texte spécifiée. Si la chaîne de texte recherchée n'est pas trouvée, la fonction renvoie la valeur d'erreur #VALEUR!.

La fonction CHERCHE() est généralement utilisée en combinaison avec d'autres fonctions pour effectuer des tâches telles que l'extraction de sous-chaînes de texte, la validation de données, ou la manipulation de texte dans Excel

Quelle est la fonction qui me permet d'insérer la date du jour dans une cellule de manière dynamique ?

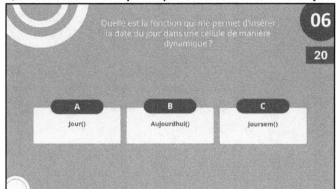

➢ **Réponse B**

Pour obtenir la date du jour de manière dynamique dans une cellule Excel, vous pouvez utiliser la fonction intégrée AUJOURDHUI().

Cette fonction renvoie la date actuelle du système.

Voici comment l'utiliser :

Sélectionnez la cellule où vous souhaitez afficher la date du jour.

- Tapez =AUJOURDHUI() dans cette cellule.
- Appuyez sur "Entrée".

La cellule affichera maintenant la date du jour, et elle se mettra automatiquement à jour chaque fois que vous ouvrirez le fichier ou lorsque la date changera.

Cela peut être particulièrement utile si vous avez besoin de suivre la date actuelle dans un document Excel, tel qu'un suivi des tâches, un journal, ou tout autre type de suivi temporel.

La fonction JOUR() renvoie le jour (un nombre compris entre 1 et 31) correspondant à la date spécifiée.

La fonction JOUR() est donc utile lorsque vous avez besoin d'extraire uniquement le jour d'une date pour effectuer des calculs ou des analyses basés sur le jour spécifique. Elle est souvent utilisée en combinaison avec d'autres fonctions de date et d'heure pour manipuler et analyser les données temporelles dans Excel.

=JOUR("10/05/2024") renverra le résultat 10

La fonction JOURSEM() renvoie un nombre qui représente le jour de la semaine de la date spécifiée, en commençant par 1 pour dimanche, 2 pour lundi, et ainsi de suite jusqu'à 7 pour samedi.

=JOURSEM("10/05/2024") renverra le résultat 6

=JOURSEM("10/05/2024" ;2) renverra le résultat 5

Sans option la semaine commence un dimanche, et avec l'option 2 la semaine commence un lundi.

Quelle est la meilleure fonction à utiliser pour obtenir la valeur totale du CA pour les ventes effectuées uniquement en boutique ?

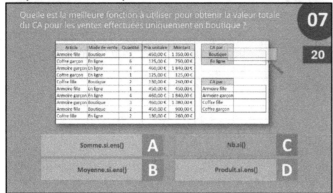

> **Réponse A**

Dans cet exemple, il faut cumuler les montants de la zone de cellules uniquement pour les ventes effectuées en boutique.

Il faut donc additionner uniquement 4 valeurs.

La fonction SOMME.SI.ENS() permet de faire une somme conditionnelle en fonction de plusieurs critères. Elle est particulièrement utile lorsque vous devez additionner les valeurs dans une plage de cellules qui répondent à plusieurs conditions simultanément.

Voici la syntaxe de la fonction SOMME.SI.ENS() :

SOMME.SI.ENS(plage_somme; critère1; plage_critère1; [critère2; plage_critère2]; ...)

- **plage_somme :** C'est la plage de cellules que vous voulez additionner.
- **critère1 :** C'est la condition que vous souhaitez appliquer à la plage_critère1.
- **plage_critère1 :** C'est la plage de cellules à laquelle s'applique le critère1.
- **critère2, plage_critère2, ... :** Ce sont des paires de critères supplémentaires et de plages de cellules correspondantes (facultatives) que vous pouvez spécifier pour ajouter des conditions supplémentaires.

La fonction SOMME.SI.ENS() additionne les valeurs dans la plage_somme qui correspondent à tous les critères spécifiés. Toutes les conditions doivent être vraies pour qu'une valeur soit incluse dans la somme.

- Ouvrir le classeur Excel « révise_excel » accompagnant ce livre.
- Activer la feuille « **Exemple_5** ».
- Se positionner en cellule **H2**.
- Saisir la formule :

Quelle écriture de la moyenne dois-je choisir en cellule F9 ?

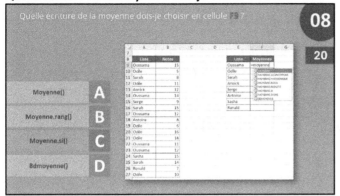

> **Réponse C**

Il existe plusieurs fonctions moyenne dans Excel.

On utilise traditionnellement la plus simple =moyenne().

Liste	Moyennes
Oussama	=moyenne
Odile	
Sarah	
Annick	
Serge	
Antoine	
Sasha	
Ronald	

La fonction =MOYENNE.SI() semble donc être la plus indiquée car elle permet de calculer la moyenne des valeurs dans une plage de cellules qui répondent à une condition spécifique. Elle est utile lorsque vous avez besoin de calculer la moyenne uniquement pour les valeurs qui satisfont un critère donné.

Voici la syntaxe de la fonction MOYENNE.SI() :

MOYENNE.SI(plage; critère; [plage_moyenne])

- **plage** : C'est la plage de cellules à partir de laquelle vous voulez calculer la moyenne.
- **critère** : C'est la condition que les valeurs doivent satisfaire pour être incluses dans le calcul de la moyenne.
- **plage_moyenne (facultatif)** : C'est la plage de cellules qui contient les valeurs à moyenne. Si vous omettez cet argument, la fonction MOYENNE.SI() utilisera la plage spécifiée dans l'argument plage pour calculer la moyenne.

- Ouvrir le classeur Excel « révise_excel » accompagnant ce livre.
- Activer la feuille « **Exemple_6** ».
- Se positionner en cellule F2.
- Saisir la formule :

Quelle manipulation suis-je en train d'effectuer en cellule C9 ?

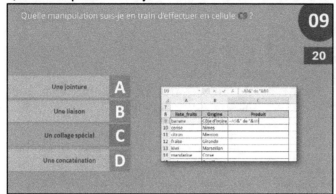

Quelle manipulation suis-je en train d'effectuer en cellule C9 ?

> **Réponse D**

Le signe "&" dans Excel est un opérateur de concaténation. Son utilité principale est de fusionner ou de combiner des chaînes de texte ou des valeurs de cellules en une seule chaîne de texte.

Voici comment fonctionne l'opérateur "&" :

- Lorsqu'il est utilisé entre deux valeurs ou références de cellules, il fusionne ces éléments en une seule chaîne de texte.
- Si l'un des éléments est une valeur numérique, Excel le convertira automatiquement en une chaîne de texte avant de les concaténer.
- Vous pouvez utiliser l'opérateur "&" plusieurs fois dans une même formule pour concaténer plusieurs éléments ensemble.

Supposons que vous avez le prénom "Guy" dans la cellule A1 et le nom de famille "TARRE" dans la cellule B1. Vous pouvez utiliser l'opérateur "&" pour fusionner ces deux valeurs en une seule chaîne de texte (le nom complet "Guy TARRE") dans une autre cellule comme ceci :

=A1 & " " & B1

Cette formule concatène la valeur de la cellule A1 (le prénom) avec un espace (" ") puis la valeur de la cellule B1 (le nom de famille), ce qui donne "Guy TARRE".

L'opérateur "&" est largement utilisé pour créer des formules dynamiques qui génèrent du texte personnalisé, des libellés ou des identifiants uniques à partir de différentes valeurs ou références de cellules dans Excel.

Comment dois-je terminer ma formule en cellule C9 pour que le prix de vente de chacun des fruits soit 45% plus cher que leur prix d'achat ?

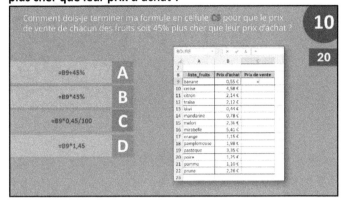

> **Réponse D**

Lors d'une augmentation ou d'une baisse d'un résultat (un prix de vente par exemple), il est plus simple d'effectuer le calcul par rapport à la valeur 1.

Retenez que 1 = 100 sur 100 = 100%

Donc si on multiplie une valeur par 1, on obtient 100% de la valeur donc la valeur elle-même.

Ainsi 18 * 1 = 18 * 100% = 18

Effectuons maintenant une augmentation :

Pour une valeur égale à 10, si j'applique une augmentation de 50%, j'obtiens la formule :

10 *1,5 car 1,5 = (100 + 50) / 100

Donc si je souhaite une augmentation de 45% du prix, j'obtiens la formule :

10 *1,45 car 1,45 = (100 + 45) / 100

Effectuons maintenant une baisse :

Pour une valeur égale à 10, si j'applique une baisse de 50%, j'obtiens la formule :

10 *0,5 car 0,5 = (100 - 50) / 100

Donc si je souhaite une baisse de 45% du prix, j'obtiens la formule :

10 *0,55 car 0,55 = (100 - 45) / 100

SÉRIE 10 – NIVEAU 5

Lien : **https://url-r.fr/byJka**

Question_01

Quelle est la meilleure formule à inscrire en cellule C2 pour obtenir le pourcentage en points faibles ?

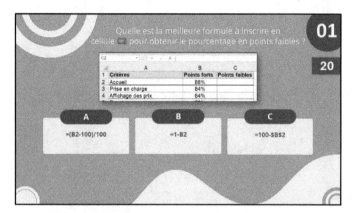

> **Réponse B**

Les points forts et les points faibles sont complémentaires. Ce qui signifie que la somme des deux donne le résultat 100%.

C2			A	B	C
1		**Critères**		**Points forts**	**Points faibles**
2		Accueil		88%	
3		Prise en charge		84%	
4		Affichage des prix		64%	

Pour le critère « Accueil », la valeur des points forts est de 88%, on peut en déduire que la valeur des points faibles sera son complémentaire à 12%.

Il faut donc en théorie poser la formule suivante en cellule C2 :

$$= 100\% - B2$$

Ce qui perturbe souvent dans ce genre de calcul, c'est l'utilisation du pourcentage. Or il faut simplement retenir que 100% = 100 sur 100 = 1

Donc la représentation la plus simple de 100% est 1.

D'où la formule la plus simple à poser :

$$= 1 - B2$$

Comment se nomme ce type de graphique ?

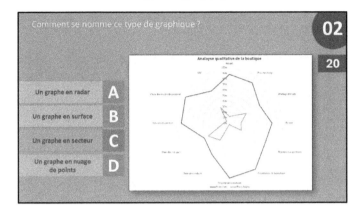

> **Réponse A**

Ce type de graphe est un graphe en radar.

Un graphique en radar, également connu sous le nom de graphique en toile d'araignée ou de graphique en étoile, est un type de graphique qui représente les données dans un système de coordonnées polaires

Il est principalement utilisé pour comparer les performances ou les caractéristiques de plusieurs catégories différentes, où chaque catégorie est représentée par un axe rayonnant à partir d'un point central, formant ainsi une toile d'araignée ou une étoile.

Voici comment vous pouvez obtenir un graphique en radar dans Excel :

1. Organisez vos données : Assurez-vous que vos données sont organisées de manière à avoir une série de valeurs pour chaque catégorie que vous souhaitez représenter dans le graphique en radar. Chaque série de valeurs doit être associée à une catégorie spécifique.

2. Sélectionnez vos données : Sélectionnez la plage de données que vous souhaitez représenter dans le graphique en radar, y compris les en-têtes de colonnes pour les catégories et les valeurs.

3. Insérez le graphique : Allez dans l'onglet "Insertion" dans le ruban Excel, puis sélectionnez **"Autres graphiques"** (ou "Autres types de graphiques", selon votre version d'Excel). Choisissez ensuite **"Radar"** dans la liste des types de graphiques.

4. Sélectionnez le sous-type : Vous pouvez choisir parmi différentes options de sous-types de graphiques en radar, telles que le graphique en radar standard, le graphique en radar avec des lignes remplies ou le graphique en radar en trois dimensions.

5. Personnalisez le graphique : Une fois que le graphique en radar est inséré, vous pouvez le personnaliser en modifiant les titres, en ajoutant des étiquettes de données, en ajustant les couleurs, en modifiant l'échelle des axes, etc., pour le rendre plus lisible et informatif.

Le graphique en radar est particulièrement utile pour visualiser les forces et les faiblesses relatives de plusieurs catégories ou variables. Il est couramment utilisé dans les domaines du sport pour comparer les performances des équipes ou des joueurs dans différents domaines, dans le domaine des affaires pour comparer les performances des entreprises dans différents domaines, ou dans la recherche pour comparer les caractéristiques de plusieurs échantillons.

Comment retirer la représentation de l'accueil sur ce graphique ?

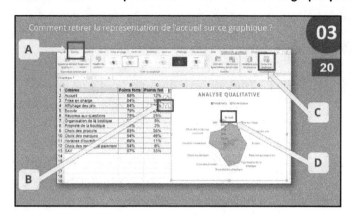

> **Réponse B**

Quand on rencontre des questions de plus haut niveau, il y a souvent des « pièges » dans celles-ci.

Ici, on peut vouloir répondre rapidement en lisant le mot « Accueil », avec les propositions A et D.

On recherche en réalité « <u>la représentation de l'accueil</u> ».

C'est donc le pictogramme en forme d'entonnoir qui permet d'accéder aux représentations de chacun des axes (catégories). Les axes représentant eux-mêmes les différents critères du tableau.

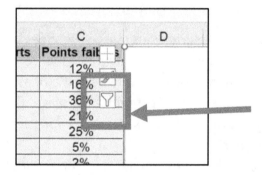

- Ouvrir le classeur Excel « révise_excel » accompagnant ce livre.
- Activer la feuille « **Exemple_3** ».

On retrouve le tableau dans la zone de cellules **A1 :C13** et le graphe en radar en dessous.

- Cliquer une fois sur le graphe.
- Cliquer sur le pictogramme en forme d'entonnoir blanc.

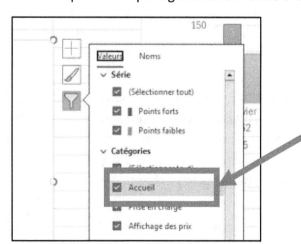

Dans la liste des catégories, il faut décocher celle de l'accueil et valider en cliquant sur le bouton vert « Appliquer ».

Je souhaite ajouter des étiquettes de données au-dessus des barres sur ce graphique.
Quelle commande dois-je utiliser sur le ruban ?

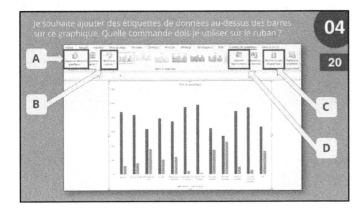

> **Réponse A**

Les étiquettes de données est un des éléments pouvant être ajouté sur une représentation graphique.

- Ouvrir le classeur Excel « révise_excel » accompagnant ce livre.
- Activer la feuille « **Exemple_3** ».

On retrouve le tableau dans la zone de cellules A1 :C13 et le graphe en barre à côté de celle-ci.

- Cliquer une fois sur le graphe.
- Activer l'onglet **CREATION DE GRAPHIQUE**.

- Cliquer sur la première commande du ruban qui se nomme « **Ajouter un élément graphique** ».

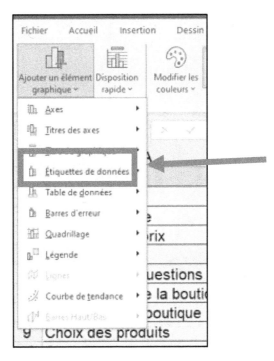

Avec quelle option des étiquettes de données, ai-je pu obtenir ce résultat sur le graphique ?

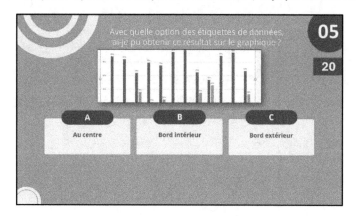

➤ **Réponse C**

Cette question est liée à la précédente.

- Ouvrir le classeur Excel « révise_excel » accompagnant ce livre.
- Activer la feuille « **Exemple_3** ».

On retrouve le tableau dans la zone de cellules A1 :C13 et le graphe en barre à côté de celle-ci.

- Cliquer une fois sur le graphe.
- Activer l'onglet **CREATION DE GRAPHIQUE**.

- Cliquer sur la première commande du ruban qui se nomme « Ajouter un élément graphique ».

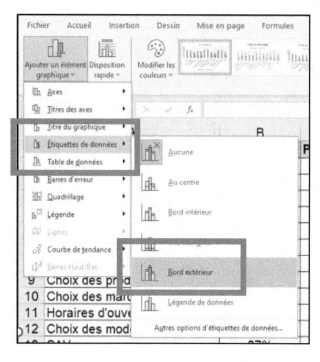

Une liste déroulante s'ouvre.

- Sélectionner le 4ème choix.

Une sous-liste s'ouvre.

- Sélectionner le 5ème choix.

Des étiquettes de données sont ajoutées au-dessus de chacune des barres du graphique.

J'ai ajouté les données du mois de juin en ligne 7.

Comment ajouter la représentation des données de juin sur le graphe ?

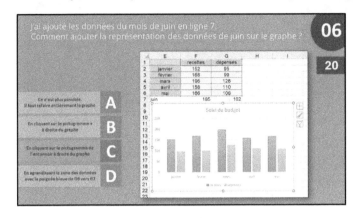

> **Réponse D**

Le graphique ne représente que les cinq premiers mois de l'année.

La ligne 7 du tableau comporte les valeurs du mois de juin.

Comment ajouter ces valeurs sur le graphe.

- Ouvrir le classeur Excel « révise_excel » accompagnant ce livre.
- Activer la feuille « **Exemple_7** ».
- Cliquer une fois sur le graphe.

Observez le tableau au niveau des cellules C6 et C7, on peut distinguer un petit carré bleu.

126
110
108
102

Cliquer sur le carré bleu et glisser la souris en maintenant le bouton gauche de la souris appuyé pour descendre jusqu'au bas de la cellule C7.

Le carré bleu se trouve maintenant entre les cellules C7 et C8.

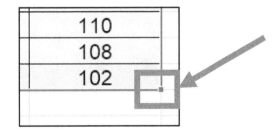

Les valeurs du mois de juin ont été ajoutées au graphique.

Comment ai-je pu ajouter une table des données sous le graphe ?

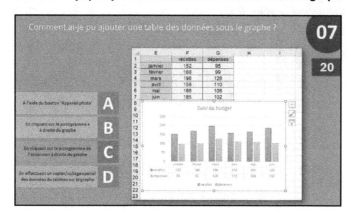

> **Réponse B**

Cette question est liée à la précédente.

- Ouvrir le classeur Excel « révise_excel » accompagnant ce livre.
- Activer la feuille « **Exemple_7** ».
- Cliquer une fois sur le graphe.
- Activer l'onglet **CREATION DE GRAPHIQUE**.

- Cliquer sur la première commande du ruban qui se nomme « Ajouter un élément graphique ».

Une liste déroulante s'ouvre.

- Sélectionner le 5ème choix.

Une sous-liste s'ouvre.

- Sélectionner le 2ème choix.

Une table des données a été ajoutée en bas de la représentation graphique.

Quel type de graphique puis-je utiliser pour représenter la répartition des productions de soja par pays ?

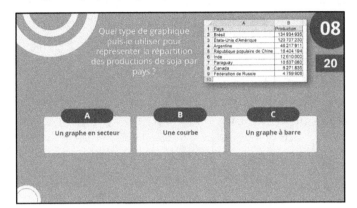

> **Réponse A**

Ceci est un rappel de la question 7 de la série 2.

Dès l'instant où on parle de **répartition**, il faut penser à des parts de pizza ou de camembert donc à une présentation sous forme de <u>secteurs</u>.

Mon graphe en secteur n'affiche pas les répartitions de mes données.
Pourquoi ?

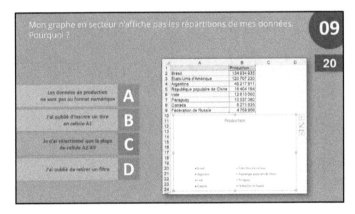

> **Réponse A**

Tout semble correct dans le tableau des données mais en réalité les informations ont été 'récupérées' (avec une commande Copier/Coller) d'un site internet au **format Texte**.

Cela explique que seuls les secteurs ne sont pas représentés sur le graphique.

- Ouvrir le classeur Excel « révise_excel » accompagnant ce livre.
- Activer la feuille « **Exemple_4** ».
- Sélectionner la zone de cellules B2/B9.
- Observer le format dans le groupe **Nombre**.

Le format des cellules est *Texte*. Ce qui prouve bien notre explication.

Mais il ne suffit pas de changer le format en *Nombre* pour résoudre la situation.

- Se positionner en cellule C2.
- Saisir la formule de calcul et valider.

- Utiliser la poignée de recopie jusqu'en cellule B9.
- Sélectionner la zone de cellules B2/B9.
- Utiliser la commande **COPIER** (ou le raccourci CTRL + C).
- Se positionner en cellule B2.
- Utiliser la commande **COLLAGE** (valeur).

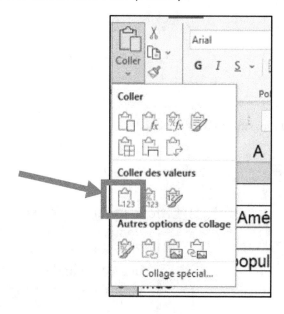

- Effacer les contenus de la zone C2 :C9.

Les données de la zone de cellule B2 :B9 sont désormais en numérique et les parts du graphe en secteurs sont bien apparues.

Comment se nomme ce type de graphique combiné ?

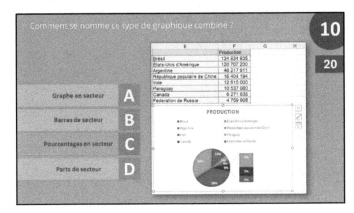

> **Réponse B**

Le graphe en barre de secteur permet de combiner sur un même schéma un diagramme circulaire et un diagramme empilé.

- Ouvrir le classeur Excel « révise_excel » accompagnant ce livre.
- Activer la feuille « **Exemple_4** ».
- Observons le second tableau dans la zone de cellules E1 :F9. Celui-ci a permis de créer le graphique utilisé dans l'écran de la question.

Nous allons le recréer ensemble.

- Sélectionner la zone de cellules E1 :F9.
- Activer l'onglet **INSERTION**.
- Sélectionner le type de graphique combiné :

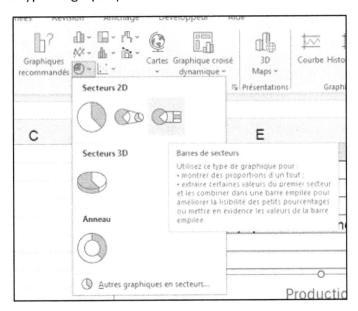

Vous pouvez ajouter les pourcentages dans les représentations en sélectionnant **le style 8** dans le groupe des styles.

LIEN DE TÉLÉCHARGEMENT

Vous pouvez télécharger sur votre appareil le classeur au format Excel et la feuille de marque des questionnaires (réalisée par mon élève Tatiana) en utilisant l'url du lien décrit ci-dessous.

Lien direct de téléchargement :

https://lc.cx/GWZyeo

Le fichier sera téléchargé dans le dossier « **Téléchargement** » de votre appareil sous la forme d'un dossier compressé qui se nomme *eval_excel.zip*

Copiez-le dans un dossier de travail, puis double-cliquez dessus pour exécuter la décompression et obtenir ainsi l'ensemble des fichiers utilisés dans ce livre.

Voici un lien de secours pour le téléchargement

https://urls.fr/H2lwlV

Les questions en vidéos

Le lien de la playlist contenant les 10 vidéos de questions en vidéos :

https://lc.cx/WyaMsG

Les vidéos sont hébergées sur notre chaîne **@azuratec**
A regarder de préférence sur un ordinateur en plein écran ou un téléviseur pour un meilleur confort.

Tester vos compétences en Excel
Quiz de 10 questions

Nom :	Niveau : ☆☆☆☆☆
Prénom :	Série n° :

__En 20 secondes, il est essentiel de se montrer honnête lors de son auto-évaluation.__
__Une seule réponse est juste.__

Question n° 1 :

A ☐   B ☐   C ☐   D ☐   Je ne sais pas ☐

Question n° 2 :

A ☐   B ☐   C ☐   D ☐   Je ne sais pas ☐

Question n° 3 :

A ☐   B ☐   C ☐   D ☐   Je ne sais pas ☐

Question n° 4 :

A ☐   B ☐   C ☐   D ☐   Je ne sais pas ☐

Question n° 5 :

A ☐   B ☐   C ☐   D ☐   Je ne sais pas ☐

Question n° 6 :

A ☐   B ☐   C ☐   D ☐   Je ne sais pas ☐

Question n° 7 :

A ☐   B ☐   C ☐   D ☐   Je ne sais pas ☐

Question n° 8 :

A ☐   B ☐   C ☐   D ☐   Je ne sais pas ☐

Question n° 9 :

A ☐   B ☐   C ☐   D ☐   Je ne sais pas ☐

Question n° 10 :

A ☐   B ☐   C ☐   D ☐   Je ne sais pas ☐

La qualité de nos livres

Svp, si vous constatez certaines erreurs ou imprécisions, n'hésitez pas à nous en faire part

Pour nous écrire un courriel

tutodinfo@azuratec.com

(Nous répondons toujours aux courriels. SVP, vérifiez votre dossier de SPAM en cas d'attente)

L'ensemble des exercices proposés sont habituellement utilisés durant des formations.
Les fonctionnalités choisies sont les plus courantes. N'hésitez pas à nous proposer des idées d'exercices sur d'autres fonctionnalités.

Ce livre a été publié pour la première fois le 12 mai 2024

Dernière mise à jour corrective faite le 17 janvier 2025

www.ingramcontent.com/pod-product-compliance
Lightning Source LLC
LaVergne TN
LVHW081700050326
832903LV00026B/1843